Universidad Corporativa

Origen, configuración del mercado de capacitación corporativa y beneficios de su creación.

Leandro Adolfo Viltard

Copyright © 2013 Business Systems Laboratory

All rights reserved.

ISBN-13: 978-1494330675
ISBN-10: 1494330679

B.S.LAB

BUSINESS SYSTEMS BOOK SERIES

The book series "Business Systems" publishes research and essays, coming from the scientific and consulting activity of the members of the nonprofit scientific organisation Business Systems Laboratory (Italy) as well as from invited well-known scientists in the business systems field.

The book series aims to attract the cutting edge research at international level and to make it available for academics and practitioners.

The official languages of the Business Systems books series are: English, Spanish and Italian.

The main topics include, but not are limited to, the following areas of knowledge: *Systems Theory; Systemic Approach for Business; Complex Systems Theory; Managerial Cybernetics; Economic and Social Systems; Business Communication Systems; Innovation Systems; Action Research; Financial Systems; Service Science; Sustainability; Corporate Social Responsibility; Knowledge Management; Supply Chain Management; Strategic Management; Consumer Behavior; Marketing; Corporate Finance; Banking; e-Business; e-Learning; Business Process Management.*

The book proposals will be evaluated by the Scientific Board on the basis of double blind peer review.

SCIENTIFIC BOARD

Scientific Director:
Arturo Capasso – University of Sannio, Benevento, Italy

Vice Scientific Director
Gandolfo Dominici – Scientific Director Business Systems Laboratory

Editorial Director:
Mauro Sciarelli- Univ. "Federico II", Naples, Italy

Editorial Assistant:
Federica Palumbo - Secretary General Business Systems Laboratory

Board members:
- Gianpaolo Basile – Presidente B.S.Lab- Univ. of Salerno (Italy)
- Gerhard Chroust - J. Kepler University Linz (Austria)
- Giovanni Battista Dagnino - Univ. of Catania (Italy)
- Valerio Eletti - "Sapienza" Univ of Rome (Italy)
- Raul Espejo - Director-General the World Organization for Systems and Cybernetics (UK)
- Marco Galvagno – Univ. of Catania (Italy)
- José Rodolfo Hernández-Carrión - Univ. of Valencia (Spain)
- Ignacio Martinez de Lejarza - Univ. of Valencia (Spain)
- Arabella Mocciaro Li Destri – Univ. of Palermo (Italy)
- Matjaz Mulej - Univ. of Maribor (Slovenia)
- Luca Pazzi – Univ. of Modena and Reggio Emilia (Italy)
- Vincenzo Pisano – Univ. of Catania (Italy)
- Enzo Scannella – Univ. of Palermo (Italy)
- Giancarlo Scozzese . Univ. per Stranieri di Perugia (Italy)
- Maurice Yolles - Centre for Creating Coherent Change and Knowledge (UK).

CONTENIDO

Resumen — Pg. 1

Prólogo — Pg. 4

Introducción — Pg. 6
    1 Antecedentes y motivos de la presente investigación
    2 Definición del problema y preguntas de la investigación
    3 Objetivos: General y Específicos
    4 Hipótesis

I Universidad Tradicional (UT), Globalización y surgimiento de la Universidad Corporativa (UC) — Pg. 13
    1 Breve referencia histórica a la universidad
    2 La globalización: un factor fundamental
    3 La misión de la universidad en el mundo contemporáneo
    4 El rol del sector público y el de los individuos
    5 Los desafíos de la universidad pública

II La Educación Superior y la Capacitación Corporativa (CC) — Pg. 35
    1 Del manejo de los activos físicos al capital intelectual
    2 La educación traspone la esfera de la UT
    3 Las prácticas de mercado y el conflicto con ciertos valores
    4 La educación, un negocio internacional
    5 La estrategia a utilizar y el peligro de la estandarización

III La Universidad Corporativa (UC) — Pg. 48
    1 Sus inicios
    2 Su definición, alcances y objetivos
    3 ¿Por qué crearla?
    4 Principales similitudes y diferencias entre la UC y los Deptos. de Capacitación Tradicional (DCT)
    5 Armonizar el mundo corporativo con el universitario

Conclusiones — Pg. 71

Bibliografía — Pg. 81

Glosario — Pg. 85

Autor — Pg. 86

RESUMEN

Por mucho tiempo, la estabilidad de los conocimientos universales y la poca relación del entorno educativo con las prácticas de mercado han permitido que las instituciones de educación superior tradicionales detentaran una casi exclusividad en la formación superior. A partir de profundos cambios, se ha verificado el surgimiento de nuevas propuestas educativas, tales los casos de las universidades privadas, las corporativas (UC) y el e-learning.
Todo esto ha sido ayudado por nuevas necesidades de las empresas y de los individuos en temas de negocios, lo que ha permitido una expansión de la capacitación corporativa. Como consecuencia, estamos presenciando una constante redefinición de los roles de las instituciones, profesores y alumnos, y, además, una modificación en las propuestas educacionales respectivas.
En el mundo existen más de 3.000 UC y algunos especialistas indican que -en pocos años- su número superará al de las Universidades Tradicionales (UT). Ante este contexto, la UC cuenta con una gran responsabilidad frente a alumnos que exigen programas orientados a solucionar temas prácticos del día a día de los negocios.
La hipótesis de este trabajo sugiere que, tanto la UC como la UT, parten de motivaciones distintivas que las impulsan a diversos ámbitos de actuación y que, a partir de armonizarlos, la capacitación en negocios puede beneficiarse. Además, que al configurarse un mercado de educación superior y capacitación corporativa, se ha posibilitado el acceso a nuevas alternativas educativas. Como resultado, el saber ya no habita solamente en los contextos tradicionales; se imparte en otros momentos y lugares.

Fundamentalmente, en este estudio se propone que la UC – como las universidades privadas y el e-learning- se origina en necesidades que no son satisfechas por un sistema educativo tradicional público que –muchas veces y en diversas latitudes- se ha mostrado lento, con vaivenes y degradado en sus funciones. También, se observa que –por momentos- la UT se ha apartado de su rol enfocado al conocimiento crítico y activo, con contenido social, científico y académico. Se insiste en que –en la era de la creatividad, ya no del conocimiento- los líderes deberán encontrar modos novedosos de manejar redes creativas y que exigentes consumidores -tal el caso de los alumnos- marcarán el rumbo de muchos requerimientos que el mercado transformará en productos educativos. La geografía de la capacitación corporativa (CC) ya no se circunscribe solamente a las UT, y el saber pasado ya no hace pie en un mundo complejo, paradójico y multidimensional.

El estudio es exploratorio-descriptivo con metodología cualitativa. Se ha basado en la revisión bibliográfica de especialistas relevantes reconocidos mundialmente.

Metodología y Diseño

El estudio es exploratorio y descriptivo, con metodología cualitativa y diseño no experimental (dentro de este tipo de diseños, transversal ya que la información fue recolectada en un período dado de tiempo).

Por ser una investigación bibliográfica, la recolección de datos ha implicado el estudio y análisis de autores y temáticas obtenidas de fuentes secundarias relevantes, principalmente del exterior. Con el análisis de la información, se ha pretendido profundizar en el conocimiento de los elementos que constituyen el surgimiento y ambiente de la UC.

La unidad de análisis la constituyen las instituciones educativas, las empresas y las Universidades Corporativas (UC) implementadas en las mismas.

El marco espacial de este estudio ha sido Argentina, y el temporal Enero 2009- Marzo-2013.

Alcance: Limitaciones/Clarificaciones

— Se ha utilizado información secundaria de importantes autores internacionales, aunque resulta dificultoso aseverar que toda la información relevante ha sido incluida.
— Este trabajo responde a una revisión bibliográfica, por lo que –básicamente- no se han utilizado técnicas de campo para construir un marco investigativo. Sí hemos recurrido a la experiencia y a la observación con el fin de presentar las distintas temáticas y sus conclusiones.
— Por ser un estudio cualitativo, no son generalizados los hallazgos, aunque sí esperamos aportar al proceso de toma de decisiones.

- Las conclusiones y opiniones expresadas están estrictamente basadas en la información analizada.

A partir de la información estudiada, se entiende que ha sido posible presentar un estudio razonable y profundo sobre el fenómeno de la UC como –además– verificar los objetivos y corroborar las hipótesis del mismo.

Hallazgos

A partir de la conformación de un mercado amplio de educación superior, nuevas propuestas de capacitación corporativa (CC) han confluido para dar solución a temas de negocios. En este trabajo se muestra la potencialidad que puede tener la UC a efectos de alcanzar un mayor desarrollo del talento individual y organizacional. Sus orígenes justifican su desenvolvimiento en el ámbito práctico de los negocios, alejada del marco teórico-conceptual que la Universidad Tradicional (UT) puede brindar.
Distintos factores -que han rodeado a las UT- han permitido que la UC se desarrollara, presentándose como una disrupción importante en educación superior solo comparable con el e-learning.
El objetivo final de este libro es el de aportar elementos que contribuyan a la implementación de la UC en muchas más organizaciones

Originalidad y Valor

Entender los orígenes de la UC y su contextualización -en un mercado global de educación superior y CC- nos permite presentar el sentido profundo que tiene esta nueva forma de capacitación.
Se exponen los motivos que justifican su creación y los beneficios al respecto de los Departamentos de Capacitación Tradicional (DCT), por lo que representa un concepto evolutivo que debería ser tenido en cuenta por muchas más organizaciones.

PRÓLOGO

"El analfabeto del siglo XXI no será aquel que no sepa leer ni escribir, sino el que no sea capaz de aprender, desaprender y volver a aprender en forma continua".

Alvin Toffler

En los inicios, la capacitación corporativa (CC) se desenvolvía en las Universidades Tradicionales (UT) aunque, luego, se fue trasladando a otros contextos. De este modo, a inicios del siglo XX, se observa el nacimiento de un fenómeno particular conocido como Universidad Corporativa (UC). Al mismo tiempo, se han desarrollado otras alternativas educacionales – igualmente disruptivas- como la universidad privada y el e-learning. Así, la UC desafía los términos educativos conocidos, estableciendo nuevos límites, propósitos y ámbitos de desenvolvimiento.

La capacitación corporativa sugiere desafíos y oportunidades que motivan el presente trabajo. A continuación se detallan elementos que han contribuido a cambiar el contexto educativo en los últimos años:

- La fuerza laboral se ha incrementado desproporcionadamente, imponiendo un adecuado manejo del capital intelectual sobre el de los activos físicos.
- El proceso de globalización mundial ha tenido un impacto sin precedentes, tanto en el individuo como en la sociedad en su conjunto.
- Los conocimientos se tornan rápidamente obsoletos por lo que la

- capacitación continua y el conocimiento resultan claves para lograr el crecimiento individual y empresario.
- La UT y la UC no cuentan con límites precisos en cuanto a capacitación corporativa.
- La masificación y estandarización de los planes de estudio dificulta la diferenciación de las ofertas formativas.
- La dificultad en trasladar lo que sucede en las empresas a las aulas, motivado principalmente por la distancia existente entre teoría y práctica.
- Gracias a nuevas herramientas tecnológicas se ha posibilitado la diseminación de contenidos en nuevos ámbitos y momentos, posibilitando un nuevo tipo de relaciones entre las instituciones-profesores-staff-estudiantes.
- Han surgido nuevos proveedores y soluciones educacionales que imponen un continuo movimiento al mercado de educación superior.

Asimismo y a lo largo de las décadas, se ha ido constituyendo un mercado de educación superior y corporativa, con nuevas ofertas provenientes de todo tipo de universidades (públicas, privadas, corporativas) y con utilización del e-learning. Esta temática se amplía en este libro a efectos de profundizar en el contexto en el que la UC desenvuelve.

El presente trabajo se basa en una revisión bibliográfica de autores reconocidos mundialmente, lo que ha posibilitado enfoques y conclusiones que dan lugar a un repensamiento del tema de la CC. Además, abarca el estudio de la misión, roles y desafíos de la UT y, también, un análisis de cómo surge el negocio internacional de educación superior y de CC.

El objetivo final es el de profundizar en el entendimiento de la CC y ayudar a aportar elementos que contribuyan a la implementación de la UC en muchas más organizaciones. A su vez, se pretende comprender cómo se ha ido configurando el mercado de educación superior y de CC a efectos de ampliar el entendimiento del ámbito en el que se desenvuelve la UC.

INTRODUCCIÓN

> *"Yo no enseño a mis alumnos,*
> *solo les proporciono las condiciones en las que puedan aprender."*
> Albert Einstein

1. Antecedentes y motivos de la presente investigación

El mundo del trabajo y de las empresas requiere de ciertas credenciales educativas que no necesariamente se condicen con las expectativas generadas por las Universidades Tradicionales (UT) y las del alumnado. De esta manera, se pone en duda todo un proceso que debería culminar en la empleabilidad de cada individuo.

El mundo se llena de contradicciones y, ciertas lógicas, ya no son aplicables en un ambiente político-social-cultural-económico (PSCE) que tiene influencias significativas hasta en la educación superior. La estabilidad laboral y el trabajo para toda la vida caen, dando paso al trabajo flexible y móvil, y a la inseguridad laboral. En este contexto y -como modo de suplir estos desfasajes- se observa la aparición de la Universidad Corporativa (UC).

A partir de estos cambios es que este estudio encuentra sus motivaciones más importantes. Como consecuencia -en el siglo XX y en especial, en los últimos 40 años- el mercado de la capacitación corporativa (CC) muestra un proceso de transformación significativo, pasando de un contexto tradicional y ampliamente manejado por UT a otro que enfatiza los siguientes elementos que han promovido el surgimiento y crecimiento de la UC:

1. *Globalización: un nuevo modo de ver, hacer e interrelacionar al mundo.* La globalización se instala en el siglo XX, generando -entre otros- impactos importantes en el concepto de Estado-Nación; en los

alineamientos políticos dentro de las ciudades globales, en las que se generan tensiones provenientes de la reconsideración de la identidad y la cultura; y en el nuevo mapa global, no solo a partir de nuevas nociones de espacio, sino desde la relocalización producida por la migración/inmigración, aún en largas distancias. Ianni (1996) manifiesta que la globalidad es un campo fecundo para poder desarrollar cualquier cambio, hasta cambios culturales de tal índole, como la desaparición, aparición o revalorización de culturas.De este modo, la globalización - que ha impactado tanto en la sociedad en su conjunto como en el individuo mismo- ha generado una explosión planetaria a todo nivel, que incluye –aunque no se limita- a los mercados, a los mecanismos de poder y a la inter-relación entre los diversos Estados nacionales. En el punto I.2, Globalización: un factor fundamental, se propone un estudio más profundo en el que se abordan temas culturales, identitarios, económicos y relativos al Estado-Nación.

2. *Se impone el manejo de la propiedad intelectual, no tanto de los activos físicos.* Los activos físicos limitan el crecimiento de las organizaciones, por lo que el capital intelectual ha cobrado una vital significación. Quinn et al. (2009), indican que "el éxito corporativo depende mucho más de las capacidades intelectuales y de sistemas de información que de los activos físicos. Manejar el intelecto humano, y convertirlo en productos y servicios útiles, se está convirtiendo en una habilidad crítica de los ejecutivos. Esto es fundamental ya que el intelecto profesional crea el mayor valor en la nueva economía". De este modo, y con el fin de impulsar el manejo y la transferencia del conocimiento dentro y fuera de las organizaciones, se imponen acciones vinculadas al diseño de estructuras menos rígidas y jerárquicas que se orienten a la gestión auto-organizada de redes. La creatividad humana ya no puede atarse a sistemas que no aseguren el aporte de cada individuo a los fines pretendidos. Por lo expuesto, la inter-relación global del capital intelectual sobre los activos físicos es un hecho incontrastable. Hamel (2007) indica que estamos en la era de la creatividad, ya no del conocimiento, lo que contempla el desarrollo de una visión integral del mundo y de los negocios y, también, la atracción y retención de un capital intelectual altamente entrenado, móvil y en rebeldía con un management que debe ser reconsiderado si es que se pretenden liderar organizaciones innovativas y de alto rendimiento.

3. *La educación toma lugar, también, fuera de las aulas de la universidad y escuela.* Desde sus inicios, la educación se ha dado en las escuelas y en la universidad, aunque –luego- en nuevos lugares y circunstancias. No hay razones para suponer que el aprendizaje ocurra solamente en las

escuelas y por las mismas personas que siempre cumplieron la tarea de la enseñanza. Becker (2009: 186), indica que "al ignorar las instancias convencionales que definen el concepto, hemos aumentado su alcance. Hemos descubierto nuevas personas que cumplen la tarea de enseñar y nuevas relaciones donde se produce el aprendizaje". Ésta parece una razonable introducción al tema de la UC ya que -a través de ella- se pueden encontrar nuevos ámbitos, actores y -por qué no- resultados dentro de la CC o continua. La certificación de los estudios, tampoco se presenta como un requisito imprescindible. Becker insiste en que ciertos tipos de aprendizaje se dan en modo voluntario (por ejemplo, lecciones de francés, tenis y piano) y que los alumnos no necesariamente reciben una calificación por los mismos. Las clases las toman hasta que se sienten cómodos con el aprendizaje realizado. Coincidimos con Becker (2009: 187) cuando sugiere que "cambiar contenidos convencionales por un concepto o idea de su significado como forma de acción colectiva aumenta su alcance y amplía nuestro conocimiento". Como consecuencia, pueden darse otros modos de capacitación corporativa fuera del ámbito de las escuelas e instituciones de educación superior tradicionales. De hecho agrega que -en los últimos siglos- tanto la educación superior como la CC han enfrentado una situación paradigmática, ya que la excelencia académica se encontraba exclusivamente en las UT. Todos los programas y profesores se originaban en tal contexto, y también, de allí surgían las reglas y normas. Este paradigma centralizado y teórico- universal ha caído -especialmente en los últimos 30 años- dando paso a una distinta distribución del saber y a una necesidad de conocimientos más prácticos y aplicables al mundo de los negocios. Por lo expresado, se verifica el estudio en "otras" aulas -que ya no necesariamente pertenecen a las UT- y en "otros" momentos que ya no son los habituales, gracias al e-learning-. Se entiende que las instancias convencionales de estudio han dado paso a otras nuevas, lo que ha aumentado su alcance hacia otras personas que enseñan y otros ámbitos en los que el aprendizaje tiene lugar. Aparece la necesidad de estudios voluntarios y sin certificados que cambian los contenidos convencionales, obligando a las UT a seguir estos cambios. El conocimiento –distribuido en nuevos modos- se torna más práctico y emparentado con los negocios, lo que crea una necesidad de educación continua, menos ligada a lo formal.

4. *Necesidad de educación continua, no "para toda la vida"*. El individuo ya no cuenta con la seguridad de un trabajo para toda la vida; sus habilidades deben transformarse permanentemente en un contexto plagado de cambios. Es por ello, que necesita flexibilidad y aprendizaje de nuevas

capacidades que solo la educación continua pueden acercarle. De esta manera, se observa una estrecha relación entre la UC, la Organización que aprende (OQA) (Senge, 1990 y Gore, 2004) y el management del futuro (Hamel, 2007). A su vez, Gore (2004) indica que en la formación en el trabajo se refiere a ambientes mucho más específicos que aquellos a los que se refiere la educación formal. Además, que el proceso de enseñanza-aprendizaje se refiere a una cierta "metáfora vacunatoria", por lo que -como lo aprendido dura un tiempo- se repite la operación. Es por ello, que el proceso de capacitación corporativa tiende a ser integrado a otro mucho más amplio y desde nuevas perspectivas que no se limita al aula y a las temáticas tradicionales. Al respecto, Hagell III y Brown (2005) indican que el cambio de las mentalidades individuales y colectivas requiere de una aceleración en la construcción de capacidades. Complementando esta visión, Senge (1990) se refiere a que las organizaciones rígidas deben dar paso a otras que no tienen que dejar de aprender como parte de su actividad cotidiana y, así, podrán sacar provecho de sus experiencias. Como corolario de lo expresado, se observa la constitución de un mercado de estudiantes que requiere programas que contemplen la capacitación para toda la vida, ante una exasperada desvalorización de los conocimientos. Deviene necesaria la aceleración en la construcción de capacidades individuales y -como también- organizaciones flexibles que brinden la posibilidad de aprender a partir de las experiencias como parte de su actividad cotidiana. Las capacidades individuales y colectivas se encuentran amenazadas y bajo constante revisión.

Por todo lo expuesto, se observa una fuerte reconfiguración en la educación superior y corporativa, lo que propone nuevos límites y responsabilidades para cada uno de los actores. La interrelación con y entre los estudiantes -impulsada por nuevas tecnologías de la información- incluye nóveles, efectivas y veloces maneras de estudio y comunicación.
En este contexto, las corporaciones requieren un enfoque más práctico y orientado al rendimiento empresario que las UT –por sus vaivenes reiterados- no han podido satisfacer. Asimismo, muchos de los Departamentos de Capacitación Tradicional (DCT), tampoco han podido ofrecer las respuestas a muchos de estos requerimientos de CC que se plantean en la actualidad.

El presente trabajo se origina a partir del reconocimiento de un mundo en cambio que ha dado origen a nuevos espacios y relaciones, cambiando los términos de la CC. Se observa que el individuo enfrenta -en mayor soledad- las necesidades de un mercado que -por momentos- se presenta despiadado y cruel, proponiendo desamparo e inseguridad laboral ante el desplome de las seguridades de otrora. En muchos casos, las soluciones tradicionales no logran dar las respuestas apropiadas. El mercado de la CC ha descorrido velos que hasta ahora estaban fuertemente protegidos.

2. Definición del problema y las preguntas de la investigación

Desde el siglo XX a la fecha, los negocios y la CC han sufrido grandes transformaciones. La UC surge en un contexto en el que la UT era exclusiva y excluyente, y los negocios atraviesan turbulencias e invenciones que afectan toda la cadena de valor. Los límites y los alcances se redefinen generando nuevos ámbitos de actuación.

En modo creciente, los temas de negocios han captado la atención de un mayor número de estudiantes e instituciones públicas y privadas. Ante los nuevos requerimientos e imposibilidades que el mundo externo planteaba, las empresas han debido recurrir a nuevos modos de capacitación, tal el caso de las UC y el e-learning. La capacitación se da en todo momento y lugar, perdiéndose el límite de actuación entre las distintas instituciones.

Ante estas circunstancias -y debido a requerimientos muy específicos de las empresas- se ha ido configurando un mercado de educación superior que pretende actualizar y mantener competitivo al individuo, ofreciéndole un valor diferencial para el mundo del trabajo.

Los programas de estudio se estandarizan y masifican y la diferenciación se sustenta en la especialización. El sistema educativo se agrieta y presenta fisuras que en otros tiempos eran inimaginables. Las nuevas herramientas tecnológicas contribuyen en estos aspectos y han ayudado a diseminar contenidos -aunque lo han hecho en modo desigual- beneficiando a los económicamente más poderosos.

El corto plazo domina a los ejecutivos de las empresas, quienes no siempre logran visualizar los beneficios que nuevos proyectos -como la UC- pueden aportar a sus organizaciones. Domina una cierta mentalidad de lo instantáneo, la que ayudada por relaciones íntimas entre los gobiernos y las empresas tienen un rol fundamental en este tipo de temáticas. Pensar que algunos de estos nuevos conceptos son solo aplicables a empresas multinacionales de países desarrollados es un modo de retardar el crecimiento de las empresas y de los países en vías de desarrollo.

La problemática enfrentada puede visualizarse en el siguiente cuadro, mostrándose la interrelación entre la situación planteada, la necesidad o el resultado y el impacto correspondiente:

Cuadro 1: A La problemática enfrentada

Problemática	Resultado/Necesidad	Impacto
#1 - Mayor número de personas incorporada a la fuerza laboral	Capacitación continua	No todas las instituciones educativas se han adaptado
#2 - Pérdida de límites en las instituciones tradicionales y en las empresas	Indefinición	Situaciones por resolver en temas que incluyen a profesores, staff, alumnos
#3 - Programas de estudio universitario: estándar y masivos	Bases diferenciales en la especialización para que sea sustentable	El sistema educativo debe adaptarse
#4 - Nuevas herramientas y tecnologías ayudan en la distribución de contenidos, aunque en modo desigual	Hacerlo equilibradamente	Desbalances e inequidades
#5 - Ejecutivos enfocados en el corto plazo	No siempre son visualizados los beneficios de los nuevos proyectos, por ejemplo, la UC	- Poca relación con los objetivos estratégicos - Diseminación de valores y cultura - Manejar y comunicar el cambio - Empleabilidad y desarrollo de talentos
#6 - Mentalidad: proyectos sólo aplicables a países desarrollados y a MMCs	Cambio de mentalidad	Retardo del crecimiento en las empresas y de países en vías de desarrollo

Fuente: Elaboración propia

Ante esta problemática tan amplia y a los efectos de orientar el presente trabajo, se plantean las siguientes preguntas problematizantes:

- ¿Existe en el origen de la UT y la UC elementos que ayuden a distinguirlas y proponer límites precisos entre ambas?
- ¿Qué influencia tiene la globalización en el mercado de la educación superior y, especialmente, en la UC y la UT?
- ¿Cuál es la misión de la universidad pública, y cuáles los roles del sector público y de los individuos? ¿Qué desafíos se deben enfrentar? ¿Qué consideraciones pueden hacerse al respecto de la educación, el estudiante, la investigación y los avances tecnológicos?
- ¿Cómo se ha configurado un mercado internacional de educación superior? ¿Ha habido un cambio en el manejo de activos físicos a capital intelectual? ¿La educación puede darse en otros lugares que no sean la escuela o de la universidad? ¿Existen conflictos de valores y alguna estrategia válida a ser utilizada ante el peligro de estandarización de los programas y métodos para llegar al mercado?

3. Objetivos: general y específicos

Objetivo general
Comprender los orígenes de la UC y su necesidad, profundizando en el conocimiento de la configuración del mercado de educación superior.
Se pretende ampliar la comprensión del ámbito en el que se desenvuelve la UC.

Objetivos específicos
1. Estudiar y comprender el marco histórico-contextual y las necesidades organizacionales que ayudaron en la creación de la UC.
2. Estudiar la misión, los roles y los desafíos, tanto de los individuos como de la universidad pública.
3. Indagar al respecto del desarrollo del negocio internacional de educación superior.
4. Concluir sobre las posibilidades de aporte de la UC y UT a la CC.

4. Hipótesis

1. Desde los orígenes, la UC y la UT tienen motivaciones distintivas, lo que hace que cuenten con diversos ámbitos de actuación, que los actores deberán armonizar para obtener un mayor impacto en la CC.
2. La configuración de un mercado de educación superior y de CC ha ayudado al surgimiento de nuevas opciones, como la UC y el e-learning.

CAPÍTULO I
UNIVERSIDAD TRADICIONAL (UT), GLOBALIZACIÓN Y SURGIMIENTO DE LA UNIVERSIDAD CORPORATIVA (UC)

A lo largo del presente estudio, se observa que –no importando el país o sistema universitario de que se trate- se han dado factores políticos-sociales-culturales-económicos (PSCE) que posibilitaron el desarrollo de la UC -como también- han surgido requerimientos del contexto corporativo que la justifican.

Como modo de brindar un apropiado marco de análisis a la temática propuesta, se propone una breve referencia histórica a la UT y a temas de globalización, de gran impacto e influencia tanto en los países como en las distintas organizaciones y empresas. Además, será revisada la misión de la universidad en el mundo, el rol del sector público y el de los individuos, como también los desafíos que enfrenta. Todo este análisis nos permitirá ofrecer una más profunda comprensión al respecto del surgimiento de este fenómeno llamado UC.

I.1. Breve referencia histórica a la universidad

La UC surge durante en el siglo XX, por lo que entender los hechos más relevantes sucedidos nos ayudará a profundizar en sus orígenes y pilares donde se sustenta.

Hernández Andreu y Álvarez Vázquez (1999) sugieren que se han dado avances tanto científicos –en comunicaciones, energía nuclear, carrera espacial y salud- como económico-sociales. Se verifican protestas, luchas sociales, crímenes de lesa humanidad y guerras –incluidas dos a nivel mundial- que han configurado una parte importante del lado oscuro de nuestra sociedad. También, se han dado golpes de Estado y asesinatos, estableciendo el imperio de la fuerza y de ideologías extremas, tales los casos del nazismo y del comunismo. Hacen –además- su aparición el movimiento verde y la globalización. Los autores indican que se entremezclan momentos de crecimiento económico con otros de depresión y que tienen fuerza ideologías que dominan y otras que se debilitan. A su vez, distintas fuerzas políticas, institucionales y sociales impactaron fuertemente el desenvolvimiento de un siglo XX, en el que la relatividad se hizo cargo de muchos más argumentos que los pensados. Observan que los avances científicos y tecnológicos han acrecentado el poder de países e industrias devenidas a potencias multinacionales, como también -en muchos casos- los balances y los controles no han quedado en los países, sino en los organismos multinacionales.

Ianni (1996) sugiere que la globalización probablemente sea la nueva ideología que desplazará a las precedentes en la consideración colectiva, dando como alternativa la posibilidad que surjan nuevas o exista una convivencia pacífica entre ellas.

Este trabajo propone que los vaivenes PSCE que ha sufrido el contexto global y -como consecuencia la UT- han posibilitado nuevas maneras de CC, tal el caso de la UC y el e-learning, y que –por otro lado- las empresas han requerido un entrenamiento más específico que las UT no han podido cubrir (muchas veces debido a sus orígenes, relaciones y misión y, otras, por sus propias imposibilidades). Revisar algunos aspectos de la historia de la UT y su evolución en Europa, Latinoamérica-México y USA podrá ayudar en el entendimiento de lo expresado precedentemente.

Europa
Larrain (1996) indica que el término "universidad" se origina en ciudades ricas y nacientes de la Edad Media y extendiéndose, luego, por América y -más tarde- por todo el mundo. Sus bases se las encuentra en el ejercicio del razonamiento y en la estabilidad de los conceptos y el medio a lo largo del tiempo. Indica que los gremios -que tuvieron sus orígenes en el siglo XI- y comenzaron incluyendo a los albañiles -poseedores de los secretos de la construcción- comenzaron a expandirse en el siglo XII a otras hermandades con lo que si cualquier persona quería incorporarse a los mismos tenía que hacerse miembro del gremio correspondiente. Observa que -por primera vez- se verifica un desdoblamiento en la educación: por un lado, técnico-práctica por parte de los artesanos y, por el otro, verbal-teórica en manos de

los clérigos.

Para el autor la Universidad de Bolonia fue el centro cultural italiano más importante del Medioevo y la Universidad de Oxford el primer establecimiento de educación superior de las Islas Británicas. Destaca –también– universidades muy importantes europeas como la de París, Cambridge, Papúa, Salamanca, Heidelberg, Copenhague, Praga, Alcalá de Henares, Coímbra y Erfurt. A su vez, Mowery y Sampat (2005: 215) complementan que -en el Medioevo- las Universidades de Bolonia y París eran "instituciones autónomas autogobernadas reconocidas tanto por la Iglesia como por las autoridades gubernamentales locales" y "con el advenimiento del Estado moderno, los gobiernos han tenido un mayor control de la universidad pública en varios países de Europa continental (Francia y Alemania, por ejemplo)". Según los autores, se ha dado lo contrario en USA y UK, donde "las universidades tenían gran autonomía, espíritu entrepreneur y -tanto la investigación como los programas- respondían mucho más a las cambiantes demandas socio-económicas que sus contrapartes europeos".

En los inicios, la enseñanza se daba en la lengua de los eruditos -el latín- y en todas las facultades, programas, libros de texto y métodos didácticos. La Reforma deja de lado este esquema, creando tres tipos de universidades europeas -la inglesa, la francesa y la alemana-, enseñándose en los idiomas nacionales, ya no en latín; se establecían a nivel nacional y no europeo y, por último, se generaban planes de estudios, exámenes, programas y particularidades con una fisonomía estrictamente nacional (Larrain, 1996).

En el siglo XV se producen cambios y vaivenes que aportan a una nueva fisonomía a la Universidad. Larrain (1996) propone que la universidad queda definida cultural, social y políticamente, como un instrumento para la Corona en su papel dinamizador y modernizador de la sociedad. Posteriormente, el siglo XVII representa un momento de transición -con el empirismo de Descartes y Bacon- dando un giro radical en el pensamiento e investigación científico europeo. Con los siglos XIX y XX sobreviene un pensamiento más democrático en la Universidad basado en el servicio. Precisa Larrain que la pluralidad de saberes y culturas y el avance de las ciencias y las tecnologías apuran una inserción mucho más flexible y renovada de la universidad en el contexto social. A partir del descubrimiento de América, tanto España, Portugal y Gran Bretaña llevaron las universidades a las nuevas tierras conquistadas, como -también- Francia y Gran Bretaña las llevaron al África.

Agrega el autor con que -por tener sus orígenes en el contexto político y social- siempre ha estado conectada a juegos de poder y que un creciente deseo de saber -manifestado en el aumento de los estudiantes en los claustros- terminó de impulsar a la universidad en el mundo.

Mowery y Sampat (2005: 233-234) sugieren que la universidad ha permitido el desarrollo de una "base de conocimientos" de los Estados modernos como –también- han sido el origen de "trabajadores del conocimiento" entrenados. Insisten en que los análisis de las instituciones convencionales se ven dificultados debido a las limitaciones impuestas a la competencia interuniversitaria (salvo en países como USA y UK) y a que se observan -en muchos sistemas nacionales- múltiples roles, con una base muy fuerte de cooperativismo interno lejana a la jerárquica de las organizaciones industriales. Finalmente, indican que la falta de información "impide la formulación y la evaluación de políticas a partir de un marco de análisis robusto"...lo que atenta contra el "entendimiento del los roles de la universidad".

México - Latinoamérica
México es uno de los países más importantes de LA y uno de los primeros sistemas universitarios de la región. Siguiendo la obra coordinada por Béjar Navarro y Egurrola (2005), de la que participan varios autores, entre ellos Solana Morales, se han podido extraer distintos conceptos que nos permitirán ahondar en la comprensión de la universidad Mexicana y, en general, la Latinoamericana, como además confirmar que las universidades en este continente han estado sujetas a diversos procesos que no han mostrado comportamientos uniformes.

Al respecto, las principales argumentaciones de Solana Morales (2005) se muestran a continuación:

- Las primeras universidades en Latinoamérica surgen en la etapa colonial, a partir de la conquista española. Se importó el modelo utilizado en España - Salamanca y Alcalá de Henares, por caso- aunque tuvieron sus propias bases eclesiásticas y cerradas (dominicos, jesuitas franciscanos, agustinos, carmelitas). Así, los criterios de pertenencia, contenidos y metodología de enseñanza respondieron a reglas muy precisas, manteniéndose sin cambios durante casi doscientos años. Las primeras universidades en suelo Latinoamericano fueron la Universidad Autónoma de Santo Domingo (1538), la Real y Pontificia Universidad de México (1548), la Universidad Nacional Mayor de San Marcos de Perú (1551) y la Universidad Nacional Autónoma de México (1551).
- En diversos períodos la universidad ha sido el cauce apropiado para absorber los temas sociales y transformarlos intelectualmente para

producir riqueza y progreso, aunque se verifican períodos en que las universidades Latinoamericanas no estuvieron a la par de este tipo de desafíos. Un caso de excepción es el de la Universidad de México ya que representa una de las primeras en el suelo Latinoamericano, representando un ícono indiscutido en la educación superior del continente.

En la segunda mitad del siglo XX, se produce un gran deterioro en la universidad Mexicana -y la Latinoamericana, por extensión- hecho que es mencionado por Béjar Navarro y Egurrola (2005). Parece mentira, agregan, que hace apenas treinta años la educación superior se encontraba inserta en un estimulante proceso de expansión y modernización y que en los años '70 se introdujeron algunos cambios a fin de modernizarla. El propósito no se ha logrado debido fundamentalmente a:

- Recursos públicos escasos que devinieron en una degradación académica y material de las instituciones públicas de educación superior.
- Un estancamiento en la matrícula, debido -entre otros motivos- al surgimiento de los institutos tecnológicos.
- Postulados liberales que fuerzan a una óptica mercantil y económica de difícil aplicación en tantos ámbitos, especialmente en el de la educación.
- Una educación para el empleo asalariado, no para el desarrollo humano.
- Organismos internacionales con estándares académicos forzados, que no siempre privilegian el planeamiento estratégico.
- Que, como consecuencia de los factores apuntados precedentemente, se produce cierto conformismo, resignación inseguridad y desánimo en los profesores y alumnos.

Complementando lo anterior, Egurrola (2005) sugiere que -en el mundo neoliberal- las comunidades se han ido desgarrando en un gran número de pequeños grupos e individuos carentes del amparo de valores y principios comunes. Observa que los resultados obtenidos dan prueba evidente que el mercado no es el modo correcto para regular y asignar los fondos para la educación superior, concluyendo que la salida de la crisis de la educación superior no provendrá de los hombres de empresas con filantropías falsas o de gerentes disfrazados de funcionarios de gobierno, sino de las comunidades académicas y de los nuevos requerimientos que plantee la sociedad.

Asimismo, Béjar Navarro y Egurrola (2005) apuntan que la capacidad cognitiva y transformadora del hombre no conoce más límites que aquellos derivados de su organización social. Es por ello, que -para satisfacer las aspiraciones y necesidades sociales- tiene lugar un proceso complejo donde la libertad, la razón y la creatividad se enfrentan a las restricciones materiales y a las insuficiencias en la generación y apropiación del conocimiento. Entienden que la institución mejor dotada para asumir y dar cauce a este proceso es la UT.

Los autores apuntan que en los últimos veinte años ha habido un desencuentro entre la universidad Mexicana y los gobiernos de corte neoliberal debido a políticas impuestas desde afuera por organismos internacionales. De allí, que entienden que el camino es arduo a los efectos que se revaliden los estándares académicos alguna vez alcanzados y a asegurar que los planes de inversión de los gobiernos se cumplan de acuerdo con los presupuestos, sino que puedan obtenerse los recursos alternativos necesarios.

Por motivos como los apuntados, indican que la universidad quedó inmersa en una búsqueda más de supervivencia que de planeamiento estratégico, modernización educativa y desarrollo académico, quedando asimismo secuestrada periódicamente por grupos de poder (ya sea la autoridad, algún sindicato o los profesores).

Este debilitamiento se observa en la formación de líderes, hecho apuntado por Solana Morales (1981). Por ejemplo -a partir del año 1910 y hasta finales de los años veinte- la Universidad Autónoma de México y la Universidad Nacional eran las que formaban todos los cuadros de líderes del país. En 1968, todavía contaban con el 50% del alumnado, aunque luego esta cifra había llegado al 10% debido a la excelencia de nuevos centros académicos que habían sido creados.

Por lo apuntado y con el correr del tiempo, los vaivenes PSCE y los procesos complejos a los que se ha ligado la UT en Latinoamérica, la ha sumido a un proceso de deterioro y menor influencia en el desarrollo de la sociedad. Este problema ha recaído en los distintos actores del siguiente modo:

- En los profesores, porque no pueden desenvolver sus tareas al nivel de lo requerido;
- En los alumnos, porque no obtienen de la educación todo aquello que sus expectativas laborales y personales les dictan;
- En las autoridades universitarias, porque manejan instituciones con serios inconvenientes;

- En los distintos estamentos de poder, que no pueden ofrecerle a sus sociedades bases mínimas para un crecimiento sustentado en valores educativos sólidos y perdurables.

Estados Unidos (USA)

USA no ha escapado a las crisis y a un ritmo dispar, en términos de educación superior. Desde inicios del siglo XX, la educación superior en este país ha incorporado una gran cantidad de personas. Margolis (2002) indica que –en un inicio- la educación superior no era para las masas y que -antes de la Segunda Guerra Mundial- solo el 25% de los adultos con más de veinticinco años habían completado la escuela secundaria y sólo el 5% había terminado los cuatro años de educación superior.

De cualquier manera, sugiere que -en USA- generalmente se han destinado mayores proporciones de recursos gubernamentales a la educación superior comparado con otros países en el mundo, y esto fue constante durante todo el siglo XX. Es por ello, que el autor concluye que, para el año 1970, más del 55% de los adultos sobre veinticinco años habían completado la escuela secundaria y el 11%, cuatro o más años de educación superior.

Bok (1993, en Margolis, 2002) sugiere que:

- En los años 1960/1970 se ha dado lugar a una profunda crítica del sistema de educación superior en USA, por lo que muchas reglas vigentes hasta ese momento se vieron interrumpidas. Así, las universidades Americanas enfrentaron peligros para mantenerse en pie, motivados –por ejemplo- por mayores costos originados en el incremento de salarios y gastos en las instalaciones, destinados a mantener una estructura educativa de primer nivel. De esta manera, un inconveniente que se ha debido enfrentar son los incrementos en los costos de una educación para una elite.
- Los cursos comenzaban a ampliarse y a requerirse más profesores por lo que se tenían que obtener nuevas vías de generación de ingresos como el basketball y el football americano o programas que no estuvieran relacionados con un diploma (tal el caso de los viajes de los estudiantes regulares).
- A partir de 1980, movimientos tales como el neo-marxismo, el feminismo y el anti- racismo han contribuido a desafiar los límites institucionales, los procesos y contenidos, como también, los planes de estudio y métodos pedagógicos regulares.

- La UT comenzó a transformarse en una empresa educacional, los profesores en empleados corporativos y los estudiantes en clientes que debían ser satisfechos.
- Luego de un período de prueba, los profesores comenzaron a ser nombrados como profesores titulares y a ser mantenidos por sus publicaciones y actividades de investigación más que por la calidad de la instrucción impartida.
- La retribución por producir buena investigación se ve compensada por una disminución en las responsabilidades de enseñar más regularmente. De este modo cuentan con asistentes (TA's, Teacher Assistants, que son graduados y llevan el día a día de la materia bajo supervisión del profesor titular), adjuntos y otros tipos de soporte que no representan retribuciones tan altas. Por ende, las universidades de Estado de USA reflejan esta nueva modalidad: cada profesor es titular de determinadas materias, pero su principal foco reside en la investigación que provea de fondos para llevarla adelante. Gracias a estas investigaciones se han logrado avances que fueron puestos al servicio de la sociedad.

Además, se verifican diferencias entre las UT y las UC en los diversos continentes. Iyanga Pendi (2000), indica que el sistema universitario Europeo y el Americano tenían similitudes, aunque reconocía que estaban separados por siglos ya que, por ejemplo, las universidades de Europa (EU) habían hecho lo imposible para adoptar la Convención de Bolonia y llevar las calificaciones mucho más cerca de USA y UK. Asimismo, que la organización Ecuanet -que ha evaluado las diferencias del aprendizaje entre las UC de EU- observa que se presentaban muy marcadas diferencias entre ellas y que -confrontadas con las de USA- proveían un bajo retorno sobre la inversión realizada.

A manera de resumen de este secciòn, se verifica que – por años- la educación superior ha estado sujeta a vaivenes PSCE y a una creciente exposición a prácticas de mercado. Los cambios se han dado en modo veloz y la universidad ha seguido con dificultad el ritmo de los mismos. En este contexto, la CC ha sido impulsada por nuevos requerimientos y necesidades, por los vaivenes que se producen en el contexto y en las UT, y por una mayor necesidad hacia temas específicos y prácticos del mundo de las organizaciones.

Años atrás hubiera parecido imposible tratar a las universidades como un negocio, a los estudiantes como clientes y a los investigadores y profesores como productos. Ha cambiado la perspectiva de las cosas hasta llevarnos a entender que las estrategias y las soluciones deben responder a un mundo en cambio, que nada tiene que ver con los viejos paradigmas.

I.2. La globalización, un factor fundamental[1]

La UC se ubica en un ambiente plagado de elementos antagónicos que surgen con la globalización, donde todo es posible: revalorización y olvido, nuevos actores y culturas (Ianni, 1996). Tanto el Estado-Nación como las ciudades globales pierden sus límites, y la identidad y la cultura quedan sujetas a reconsideraciones. Se impone el desamparo, la inequidad y las desigualdades sociales y territoriales con migraciones de orden internacional. Los recursos se distribuyen ineficazmente, la rentabilidad entre los distintos sectores industriales se desbalancea. La espacialidad impone localizaciones y relocalizaciones que trastocan todo el mapa productivo mundial.

Desde el punto de vista de la cultura y la sociedad autores como Sassen (2007), Ianni (1996) y Beck (1998) indican que se alcanzan nuevas fronteras. Las ciudades globales albergan a inmigrantes que contribuyen a una mayor diversidad étnica, racial y a desigualdades sociales enormes; sus nuevos usuarios son las empresas extranjeras y los nuevos profesionales transnacionales. Se plantean homogenizaciones culturales, aunque resulta difícil hacer desaparecer rasgos culturales que sustentan una población tan diversa.

En este contexto, las empresas y las instituciones educativas deberán entender cabalmente los rasgos constituyentes de la internacionalidad; los inmigrantes y los profesionales transnacionales representan segmentos de individuos que cuentan con nuevas inquietudes y ambiciones. La UT y la UC deberían proponer nuevos ámbitos que contribuyan a diseñar un modelo social y cultural con nuevos horizontes y beneficios.

La identidad de los individuos también se ve impactada por este proceso global. Las instituciones y el proceso educativo –en general- se encuentran habitados por alumnos, profesores y muchos otros que dan forma e inciden en este ambiente. Autores como Ianni (1996), Beck (1998), Larrain (1996) y Sassen (2007) sostienen que al exportarse la mano de obra, deviene la multiculturalidad, el universalismo y la multiplicidad de identidades. La vida se torna "en viaje", con sentimientos religiosos y fundamentalismos de los más diversos. Al individuo se le pide apertura mental y adaptabilidad en un contexto harto cambiante y nuevo para él. La identidad personal se ve invadida por la identidad colectiva y el individuo es una mezcla de cosmopolitismo y múltiples identidades. Los inmigrantes/emigrantes

---

[1] Este acápite puede ser ampliado a partir del libro "Globalización: Entender el nuevo ámbito mundial y tomar decisiones", B. S. Lab, 2013. Autor: Viltard, Leandro A.

combinan lenguas, leyes y sistemas, construyendo espacios trasnacionales en donde vivir y desenvolverse. El idioma inglés diluye las identidades, convirtiéndose en el idioma de la globalización, y los patrones de consumo se homogenizan al estandarizarse el sentido mercantilista de cada consumidor. La eficiencia que se logra con la tecnología muestra –además– un lado agresivo del mundo; la soledad es parte de la vida del individuo ante tantas horas frente a una computadora. A todo este proceso no escapan los actores del proceso educativo (profesores, los alumnos y los profesionales, en general).

En el ambiente económico, la globalización ha impactado no solo en los negocios, sino en el empleo de recursos y el modo de llegar a los consumidores (incluso aquellos del ámbito educativo). Este es un mundo en el que los competidores pueden estar planeando la desaparición de su negocio sin que Ud. se percate o puede darse que se encuentren protegidos por normas de sus propios países de origen. Sassen (2007), Ianni (1996) y Beck (1998) indican que el dinero se distribuye en modo poco equitativo y que existen actividades mucho más rentables que otras, aunque todas necesarias. Todo esto configura geografías centrales (las que reciben inversiones y, por tanto, acumulan poder) y marginales (las que no la reciben y ofrecen solo decadencia).
Para los autores, lo internacional y lo mundial cobran creciente interés, y la calificación e internacionalización del trabajador influye en los ingresos que percibe. Se observan regiones o grupos de países con mayor atractivo que otros para el establecimiento de determinadas actividades; resulta difícil abstraerse del entorno global. Aparece el directivo global y los productos/servicios estandarizados, hasta los educativos. Lo global y las localizaciones múltiples dan lugar a pensamientos y actuaciones globales-locales.
Se enfatizan temáticas tales como: las PYMES (Pequeñas y medianas empresas), entrepreneurship, estrategia, marketing y la eficiencia operativa de las empresas en redes globales.
El conocimiento es revolucionado por la tecnología de la información, la que acorta los tiempos de llegada de los productos al mercado. Las necesidades, el marketing y las marcas se tornan cada vez más globales.

Por lo expuesto, ni los individuos ni las organizaciones pueden vivir encerrados. Devenir en jugador global no tiene que ver con los recursos que se posean o el tamaño de la empresa, sí con los recursos a los que pueda accederse.

Aspectos como los mencionados deberían ser considerados al momento de diseñar programas de CC. La UT y la UC bien podrían vehiculizar soluciones a un tema de tanta significación.

De acuerdo con Beck (1998) y Sassen (2007) se imponen reconsideraciones en cuanto al alcance del Estado nacional (sus límites no son precisamente los que marca la geografía) y asistencial (a quiénes se los ayuda y hasta dónde).
El poder decisorio cambia de manos. Aparecen instituciones globales (la Organización Mundial del Comercio, por ejemplo) y otras locales (como las que cuidan o defienden el medio ambiente). Las corporaciones amplían su radio de acción sobre las instituciones, comprometiendo trazos de soberanía y dando importancia a inversores privados globalizados. La actividad privada se ve influenciada por la participación estatal, donde el rol fiscalizador del Estado no siempre logra las equidistancias que son necesarias para activar las políticas y actividades de cada país o región.

Entendemos que -tanto los gobiernos como las instituciones educativas y las organizaciones- deberían aportar en la construcción de un nuevo contexto para la CC. Se deberán tener en cuenta nuevas perspectivas que contemplen principios éticos, morales, de transparencia y de derechos humanos y que mejoren las capacidades de cada individuo a partir de una mejor calidad en la capacitación ofrecida. En este ámbito, las distintas instituciones -UT y UC, incluidas- encontrarán nuevos ámbitos de desenvolvimiento.

Como consecuencia de lo planteado en este acápite, nos preguntamos al respecto de los límites que deberían ser desafiados a partir de nuevos estadios educativos en el individuo y en la sociedad. La exclusión de algunos implica un desbalance que se traslada a las generaciones venideras.

En muchos casos, las respuestas en el ámbito nacional no alcanzan, por lo que la tarea se hace más ardua. Debido a que el mundo se encuentra interconectado, muchas de las soluciones educativas responden a visiones e implementaciones globales que contemplan -por ejemplo- la aceptación de estudiantes del exterior o los programas internacionales organizados por distintas instituciones.

A partir de los profundos cambios económicos registrados, se observan mayores incertidumbres debido a la movilidad y a la tercerización de actividades. El individuo debe buscar el desarrollo de sus habilidades en un mundo cambiante y veloz ya que la eficiencia se instala en las organizaciones y cada vez se pide más valor entregado. Las instituciones educativas no escapan a este ambiente, imponiéndoseles un ritmo competitivo y de entrega en el producto educativo al que no estaban acostumbradas.

De esta manera, todos los actores resultan imprescindibles para la construcción del nuevo mapa educativo; la colaboración y la amplitud de mirada, sus elementos fundamentales. Conciliar el orden práctico con el teórico y conceptual de los negocios deviene una tarea de envergadura en la que las instituciones tradicionales y no tradicionales (UC, por caso) bien podrían aportar todo su bagaje de experiencias. En la sociedad de la creatividad el individuo debería cumplir nuevos roles y responder a otras expectativas, y la educación ayudarlo para que obtenga mayor satisfacción en aquello que realice.

I.3. La misión de la universidad en el mundo contemporáneo.

As La universidad se basa en motivaciones filosóficas e históricas que la insertan en un contexto social mucho más amplio que la mera educación. Iyanga Pendi (2000) indica que la misión de la UT se basa en la investigación y en la transmisión de conocimientos para el desarrollo de la formación humana integral con el objeto de contribuir al crecimiento de los países y promover la cultura en la sociedad a través de profesores e investigadores independientes que ayuden a ejercer sus actividades. Agrega que -por abarcar aspectos de la actividad humana- ha tenido que utilizar métodos multidisciplinares y que la burocracia que se creó a su alrededor nada tiene que ver con esta misión ni con sus alcances. De este modo, identifica a la universidad con aspiraciones idealistas derivadas de la tradición filosófica y teológica aunque, con el tiempo, ha debido aceptar otras responsabilidades mucho más amplias ligadas a lo social y al servicio, con lo que su misión y propósito se han visto reconsiderados.

El citado autor indica que la universidad puede ser explicada desde tres aspectos distintos:

- *Filosóficos*: a partir de la búsqueda de la verdad y la trascendencia de los pueblos, y de ocuparse de la formación integral de los hombres, trabajando por la calidad académica, social y educativa. Así, indica que debe pensarse como un diálogo entre la sociedad, la cultura y el hombre de un tiempo determinado.
- *Sociales*: lo que la hace caminar paralelamente con la sociedad, estar abierta a los cambios culturales y quitarle el halo de elitista o de masas, ya que la cultura es patrimonio de toda la humanidad y -como consecuencia- es posible llegar a todos sin que suponga un descenso en el nivel educativo.

− *Históricos*: ya que aporta a las innovaciones científicas y pedagógicas con metodologías de avanzada en enseñanza e investigación, incluye nuevos curriculums basados en cuestiones operativas y utilitarias y –finalmente– porque los educandos combinan lo humanístico con lo técnico.

Agrega que, además, existe una relación entre la universidad medieval (que aparece en el siglo XII) y la Iglesia, lo que le significará abrir debates entre Estado e Iglesia, obteniendo su legitimidad de ambas instituciones. Observa que su razón de ser surge de los conocimientos universales y de la relación entre el Imperio, la Iglesia y la sociedad -de donde surgirán sus programas y poder- cubriendo -con naturaleza autónoma y gremial- los tres ámbitos mencionados.

Por lo expuesto, la misión de la universidad pública va más allá de temas relativos a la educación específica en un campo o del conocimiento universal. Sus motivaciones filosóficas, sociales, históricas y –hasta– teológicas, dan fundamento al crecimiento y a la cultura misma de los distintos países.

I.4. El rol del sector público y el de los individuos.

Cada sociedad debe contar con una definición del rol del sector público y el de los individuos al respecto de la educación. A continuación repasaremos algunos conceptos - que pueden servir como base para otras sociedades- vertidos por Bobbitt (2002) en Rutherford (2005):

− En el Reino Unido la nación es responsable por grupos, mientras que el mercado mejora las oportunidades de los individuos. Asimismo, indica que la nación da cuerpo a valores éticos homogéneos de la cultura nacional y que el mercado promueve la eficiencia económica y la elección individual, buscando minimizar los costos transaccionales. Finalmente, destaca que la nación busca la estabilidad global a través de instituciones políticas internacionales y nacionales, y que el mercado depende del mercado de capitales internacional, corporaciones internacionales y de una red de elite.
− La nación estaba frente a una incuestionable declinación y que el modo de evitarla consistía en que se dedicara a aquellas cosas que eran de su competencia, como podía ser la educación gratuita a nivel masivo y la provisión de los bienes públicos que a las personas les son necesarios. Insiste en que el rol del Estado Británico debía cambiar, pasando de ser un simple proveedor de servicios, a un facilitador de las condiciones de mercado.

- Pretende la transformación de la educación superior, haciendo que los estudiantes compartieran algunos costos con el gobierno (entre ellos, la privatización de servicios, como el catering y la hotelería de las universidades). Además, indica que se debían buscar nuevas fuentes de ingresos a través de donaciones de ex alumnos e industrias y la generación de cursos cortos, investigación y consultoría.
- La caída en las inversiones es un factor que condiciona este enfoque. En UK, la educación superior ha enfrentado veinte años decrecientes en términos de inversiones. En 1992, el Reino Unido gastó el 1,1% de Producto Bruto Interno en educación superior, pero para 1997 había caído al 1%. La adaptación que sufrían las universidades al sistema de educación masiva era incuestionable, por lo que ciertos índices reflejaban estos problemas (el staff por estudiante se había duplicado y el gasto por estudiante en términos de caja había aumentado un 9%).
- El crecimiento depende del conocimiento que pueda impulsarlo y que la educación superior debería constituirse en su centro. El dinero público se utilizaba improductivamente y no se destinaba, como debería, a nodos más competitivos que generaran desarrollo regional y nuevos clusters. La globalización pondría el acento en aquellos que fueran los más eficientes y productivos y que tuvieran la virtud de proyectar internacionalmente sus negocios de educación. Estos conceptos fueron rápidamente entendidos por muchas de las universidades más exitosas en el mundo, y otras que se fueron sumando a esta corriente de ofrecer un ambiente multicultural y más cercano al mercado.
- El modelo anterior de torres de marfil debería dar paso a uno de socios de negocios en el que la prioridad sea la educación y el espíritu emprendedor. Esta nueva educación debería crear emprendedores autónomos, más que empleados dependientes. Estamos presenciando el desenvolvimiento de una sociedad enfocada en el conocimiento, donde el éxito depende mucho más de las habilidades, la creatividad y la innovación de las personas. Es por ello, que las transacciones se realizarán entre proveedores y clientes que agreguen valor y lo que deberá tenerse en cuenta es el deseo de cada uno de invertir en su propia formación para maximizar ese valor adicional.
- Las políticas gubernamentales deberían ayudar a crear las condiciones necesarias para promover las elecciones que permitan un desarrollo acorde de los recursos de cada Nación.

Se observa cómo las instituciones públicas han debido recurrir a nuevas fuentes de financiación ante el menor aporte de los Estados nacionales.

El dinero público –utilizado en modos menos eficientes y productivos– ha sido destinado a nodos menos competitivos, cuando el Estado debería promover condiciones para que sea posible el desarrollo dentro de cada país/región. El espíritu emprendedor, la creatividad y la innovación se han constituido en parte de las prioridades de una sociedad que no debe solamente enfocarse en el conocimiento.

I. 5 Los desafíos de la universidad pública

A continuación se ofrecerá el planteo de diversos autores que se enfocan en los desafíos que enfrenta la universidad pública. Con el fin de proponer un mejor planteo expositivo, las distintas opiniones se agruparán en distintos tipos de desafíos: los relativos a la universidad como institución y los que la relacionan con la educación, la tecnología y la investigación.

1. *La universidad pública como institución.*
Béjar Navarro y Egurrola (2005) indican que la universidad pública solo podrá ser objeto de cambio si también ella se renueva y se convierte en sujeto de cambio. Por ende, este proceso de adecuación la tiene que llevar a una nueva relación con los objetivos sociales y científicos y una readecuación en la escala de legitimación de su actuación.

Los autores sugieren que la universidad pública no puede ser una entidad pasiva ante la problemática social, ni una comunidad dedicada a la simple y repetitiva administración del conocimiento. Tampoco puede estar sujeta a las cambiantes modas intelectuales o a los dictados de políticos ingratos y oportunistas. La universidad debería ser una usina de conocimiento crítico y activo de alto contenido social, académico y científico y no una mera administración de saber pasado.

Solana Morales (1981) complementa lo anterior indicando que la universidad debería ser un centro de liderazgo para la investigación, la reflexión, la docencia superior y la difusión de la cultura.

En Balan et al. (1993) se alude a que La proliferación de universidades ha hecho que lleguen hasta a pequeñas ciudades, lo que obliga a reconsiderar la descentralización educativa y plantear el peligro que queden a merced de elites locales. A su vez, la autonomía, la equidad, el acceso a dichos servicios y la calidad académica deberían resguardarse ante las demandas locales que pudieran surgir.

Adicionalmente, el proceso de globalización ha ayudado a constituir ofertas internacionales en las regiones por parte de instituciones norteamericanas, europeas y latinoamericanas, cosa para la que no están preparadas las universidades regionales.

Durham y Sampaio (2000) en Balan (1993), entienden que -en el siglo XX- el crecimiento de la educación superior a nivel privado cambia la situación educativa y competitiva en Latinoamérica. Observan la heterogeneidad en el sector privado, la influencia de políticas gubernamentales tanto en el sector privado como público y una distinta interacción en cada país entre la educación pública y la privada. En este sentido, Brabazon (2007) asevera que la educación superior enfrenta un problema de adquisición de fondos que la clase política no pueden resolver. Los profesores trabajan tantas horas que, si fueran abonadas por las instituciones educativas, los sistemas colapsarían.

Solana Morales (1981) agrega que, probablemente, se pueda encontrar la respuesta en la educación Norteamericana que basa su modelo en la competencia, tanto por los recursos públicos y/o privados, como por los estudiantes y los profesores. Compiten también por los premios Nobel y por el atento voto anual que hacen todos los mejores profesores universitarios para saber cuál es la mejor universidad. Concluye que la liberación de los prejuicios es clave para encarar esta profunda reforma.

La gestión no es el único de los problemas que las universidades deben enfrentar. Para García de Fanelli (2000), no pueden atribuirse los problemas de gestión de las universidades a nuevas demandas del Estado o del mercado, ya que existen problemas específicos tales como: la expansión de la matrícula, la falta de recursos y la profesionalización en la gestión administrativa y -para el caso argentino- la politización del gobierno universitario. La autora indica que -a los efectos de evaluar la calidad de las instituciones y fiscalizar el uso eficiente de los recursos- son necesarios indicadores específicos que deben ser incluidos en la reforma universitaria.

La reforma académica debería hacer posible la formación permanente de los profesionales, la difusión de la cultura y la extensión social de los resultados y productos de la investigación universitaria. Las mejores perspectivas de la universidad pública latinoamericana pasan, entonces, por la recuperación de su prestigio ante la sociedad. Se entiende que son necesarias políticas que alienten a estrechar las relaciones con distintas instituciones y actores y propongan una reforma educativa en la que se maximice la inversión y sea potenciada la investigación (Balan et al., 1993).

Como resultado, es muy probable que la proliferación de universidades en el mundo, la escasez de fondos públicos y la falta de un modelo competitivo -en cuanto a recursos, estudiantes y profesores- haya contribuido a la degradación del sistema de educación superior en muchos países, especialmente en Latinoamérica.

En tantas naciones, la universidad pública ha quedado anclada a ciertas problemáticas sociales y a la administración repetitiva del conocimiento, a modas y a dictados políticos de ocasión, lo que la ha llevado a distanciarse de su rol fundamental: ser la fuente de un conocimiento crítico y activo con contenido social, académico y científico que no repita mecánicamente el saber pasado.

2. *La educación y el estudiante.*
Balan et al. (1993), indican que la escuela está diseñada para cumplir con una necesidad actual y esto es muy distinto a estar diseñada para un trabajo que ya no existe o que se encuentra en extinción. El planeamiento adecuado y el contacto con la realidad ayudan en el diseño de planes de estudio que tengan que ver con lo que pasa en el mundo del trabajo; esta interrelación resulta fundamental para construir organizaciones educacionales que tengan que ver con lo mejor de ambos mundos, el académico y el empresario.

Asimismo, Greeberg (1998) indica que el rol del profesor debe dar paso al de un mentor y el saber enciclopédico, a la experiencia. No deberíamos circunscribirnos a agregar conocimientos a los estudiantes, a responder a las preguntas que se formulen, digamos a un proceso de dar y recibir. Es por ello, que para el autor -en Motorola University, la UC de la firma homónima- los mejores profesores son sometidos a entrenamientos especiales a través de programas certificados que duran de 3 a 6 meses. Los recientemente egresados aprenden habilidades educativas de parte de un entrenador senior y, luego, realizan un programa de coaching con un mentor.

En este sentido, Caughie (1999) enfatiza que la enseñanza -en la que se consideraba importante la repetición de lo que dicen tanto los libros y como profesor- va dando paso a un nuevo enfoque basado en la experiencia. Indica que lo que se pretende -tanto del estudiante como del mentor- es una real plasticidad en el intercambio; ambos deberían poder recibir y apropiarse de conocimientos y -lo más importante- poder llevarlos a la práctica, convirtiéndolos en experiencia. De ahí, que el saber que queda a niveles no experienciales no pueda perdurar, porque se convierte en una mera actividad mental que corre el riesgo de olvidarse y perderse.

Por estos motivos, los profesores deberían abocarse a la enseñanza de las habilidades que necesitan los alumnos, estimulando su curiosidad y potenciando los debates basado en material significativo y no anecdótico que se encuentre en Internet. Brabazon (2007), entonces, se opone a lo que denomina *"La Universidad Google"*, aprendizaje que no brinda una base sólida de contenidos ni material al que se le debe asignar la misma credibilidad. Sugiere que los estudiantes viven en la era de la información, aunque carecen de la correcta información; buscan en Wikipedia, aunque requiere que se les enseñe primero, las habilidades interpretativas, requisito fundamental para involucrarlos luego, con las tecnológicas.

Para Béjar Navarro y Egurrola (2005), el estudiante debe ser capaz de:
- Sintetizar conocimientos de disciplinas diversas (multi e interdisciplina),
- Enfrentar la realidad sin temor, con ánimo y creatividad,
- Pensar de manera rigurosa y con una visión que abarque tanto la profundidad como el alcance histórico de los fenómenos,
- Plantear y resolver problemas específicos, tanto como practicar el humanismo y los principios más sólidos de una convivencia social basada en la libertad, la justicia y los propósitos compartidos.

De esta manera, la formación parte del concepto que existe una persona que puede ser transformada mediante un proceso educativo, por lo que se infiere su maleabilidad y posibilidades de cambio. Es por eso, que Balan et al (1993) indican que la sabiduría popular nos dice que el joven es flexible, plástico y que la persona mayor es rígida y no maleable, aunque -en diversos estudios técnicos y por evidencias- se ha comprobado que la elasticidad puede ser entrenada toda la vida, fundamentando que las personas pueden conservar su maleabilidad y su frescura, y que la rigidez es solo una cuestión de postura mental y de experiencias.

Solana Morales (1981) agrega que hay que formar profesionales – entendidos como personas creativas, inteligentes y capaces de resolver problemas y de aprender- y que están surgiendo muy buenas universidades abiertas (virtuales), donde pueden obtenerse títulos universitarios de muy buena calidad.

En modo creciente, la educación es acercada al mundo del trabajo. La practicidad y el día a día han invadido las aulas de la escuela. A su vez, el profesor se convierte en mentor y facilitador, debiendo interrelacionar al estudiante con elementos teórico-prácticos basados en experiencias, ya que los ejercicios de memoria no perduran. El estudiante debe ser capaz de despertar su curiosidad y el debate fundamentado en la incorporación de nuevos contenidos; su habilidad interpretativa deviene clave al ser invadido por información de fácil acceso y dudosa valía.

A modo de resumen, es requisito que el profesional se forme como una persona creativa en la resolución de problemas y que pueda aprender de la experiencia, ya no de la repetición sistemática de un saber aplicable a contextos del pasado. Se observa –asimismo- que hay muy buenas universidades online que otorgan títulos reconocidos en el mercado laboral. Por lo visto, los términos conocidos van dando paso a otros nuevos que rompen con la lógica dominante.

3. *La revolución tecnológica*
La tecnología ha hecho que muchas más personas accedan a conocimientos que antes eran del dominio de unos pocos. Brabazon (2007) observa que la tecnología -al llegar a todos- erosiona las diferencias de clases, aunque estudiantes desaventajados –por raza, discapacidad y mujeres- decidan no concurrir a las universidades.

La educación superior, vista como plataforma educacional, presenta discusiones entre los especialistas, el staff y los profesores de tantas instituciones del mundo. A la plataforma digital se la ve como un atentado contra el sistema educativo cuando le son asignados fondos en desmedro de los profesores (Brabazon, 2007). Y agrega que las universidades no deberían confundir la información digital con el desarrollo de ciudadanos educados y críticos, y que la tecnología debería estar al servicio de los intereses educativos y no a la inversa.

Por tal motivo, entiende que resulta imprescindible la revalorización de la lectura, la escritura y el pensamiento para demostrar social, económica y políticamente sus beneficios.

Por otro lado, la revolución tecnológica produce una transformación en la información y sus usos, como así también, en el conocimiento y en los modos en que se lo genera y maneja. La información se disemina gracias a Internet y el conocimiento proviene de diversos recursos, instituciones y mercados dando lugar a conocimiento propietario y no propietario (Kahim y Foray, 2006).

Aunque la tecnología e Internet no son una solución en sí mismas. Brabazon (2007) observa que el e-learning no representa la cura de todas las enfermedades, sino solo un medio, que debe utilizarse convenientemente. El plagio digital, los e-profesores y las e-universidades son dilemas que se presentan en nuestro día a día, como el desafío de la enseñanza con métodos no tradicionales. Continua que los e-profesores son una respuesta económica, inapropiada y de baja calidad a los temas de educación y la anunciada revolución de la e-educación nunca ha llegado. Concluye que la investigación debería ser revalorizada sobre la búsqueda.

Asimismo, Brabazon (2007) hace referencia a que Internet ofrece una gran cantidad de información que pocos saben discriminar, ya que las mentes trabajan poco en elegir, cancelar y juzgar. Indica que la información es solo para la venta –distanciándose de los fines sociales- y que la investigación se limita a googlear -como sinónimo de buscar en Google- por lo que los estudiantes son más consumidores de ideas económicas -en este supermercado virtual que ha armado la vida- en lugar de estar en un camino profundo hacia el conocimiento.

Para la autora, los alumnos responden a una generación que se desarrolla en un mundo de información no confiable y aclara que no todo puede ser encontrado en la Web, como tampoco la búsqueda intuitiva puede reemplazar a la investigación planeada. Por otro lado, indica que la computadora no es la fuente de los problemas educacionales, por lo que se deberían buscar continuidades y alianzas entre lo analógico y lo digital, entre el pasado y el presente. Finaliza diciendo que el alumno no debería concurrir a la universidad para saber cómo utilizar Google.

Confundir la tecnología como un fin en sí mismo puede hacer peligrar la importancia de la lectura, de la escritura y del pensamiento crítico. Claro que contribuye a que el acceso y el manejo de la información sea un beneficio para todos, aunque debería ser aplicada a aquellos elementos de la cadena de valor educativa que propongan diferencias importantes a los interesados y no, por ejemplo, en el uso indiscriminado de los e-profesores o del e-learning. El riesgo es que se confunda la investigación y el conocimiento profundo con el acceso fácil al supermercado virtual que ofrece Internet.

4. *La investigación.*
En lo relacionado con la investigación, representan temas claves "para qué" y "al servicio de quién" se la propone. Para Iyanga Pendi (2000), los objetivos fundamentales de la investigación universitaria abarcan: descubrir la verdad; optar por el hombre, por su perfeccionamiento y por sus intereses; hacer avanzar la ciencia y el saber y, finalmente, colaborar con la humanización, trabajando por la plena realización del ser humano. Concluye que el investigador colabora con transformaciones estructurales de la sociedad sin olvidar la responsabilidad ética y social que implica su trabajo.

Podemos agregar que la investigación reviste fundamental importancia para el crecimiento -tanto del conocimiento como de las empresas- deviniendo necesaria una más precisa coordinación entre los sectores involucrados y la financiación de los proyectos que se definan.

Por lo expuesto, la educación "para toda la vida" ya no es posible ya que el mercado barre continuamente con las habilidades pasadas, requiriendo de otras nuevas a las que cada organización e individuo deberán acceder. Así, los proyectos educativos nacionales necesitan de reconsideraciones constantes. En este sentido, Béjar Navarro y Egurrola (2005), sugieren que:

- El postmodernismo ha dado sobradas muestras de la volatilidad de los conceptos y de lo innecesario de las discusiones principistas.
- Un proyecto educativo nacional, no debe olvidar la inserción de las regiones y la consecución de políticas educativas de avanzada.
- No sea olvidado lo viable y funcional.
- Se contemplen la innovación educativa y la flexibilidad curricular y pedagógica.

Los desafíos presentados en esta parte del trabajo pretenden plantear modos de robustecer a la UT, lo que significa encontrarle nuevos fundamentos y modos de actuación, especialmente en lo que respecta a:

- Su inserción en la sociedad,
- La relación estudiantes-profesores-tecnología,
- Sus objetivos y prácticas al respecto de la investigación.

CAPÍTULO II.
LA EDUCACIÓN SUPERIOR Y LA CAPACITACIÓN CORPORATIVA (CC)

El escenario de la educación superior ha variado a partir de ciertos factores como:

- El manejo de activos físicos ha dado paso a un mayor énfasis en el capital intelectual.
- La educación ya no se imparte solamente en el aula de una UT y se convierte en un negocio internacional.
- La CC se ha constituido en un amplio negocio internacional, con valores en conflicto.
- La estrategia a utilizar y el peligro de la estandarización/comoditización del producto educativo.

Ante nuevas complejidades, no solo las estrategias ya no pueden ser las mismas, sino que los productos educativos –que enfrentan el gran peligro de la estandarización- tampoco.

En este acápite, se analizarán los aspectos apuntados precedentemente a efectos de ahondar en elementos que han logrado influir en el mercado de la educación superior.

II.1. Del manejo de los activos físicos al capital intelectual

El capital intelectual ha cobrado gran relevancia, por lo que las organizaciones encuentran dificultades de crecimiento si es que se concentran únicamente en el desarrollo y control de sus activos físicos.

Quinn et al. (2009) indican que el éxito corporativo depende mucho más de las capacidades intelectuales y de sistemas de información que de los activos físicos. Manejar el intelecto humano, y convertirlo en productos y servicios útiles, se está convirtiendo en una habilidad crítica de los ejecutivos, ya que el intelecto profesional crea el mayor valor en la nueva economía. Asimismo, los autores entienden que -para apalancar el intelecto profesional- deviene necesario el desarrollo de herramientas de software que estén vinculadas a sistemas de incentivos y diseños organizacionales adecuados. De este modo, las organizaciones deben cambiar la estructura tradicional jerárquica y desarrollar redes auto-organizadas que potencien el desarrollo y transferencia de conocimientos dentro y fuera de la organización.

Intelecto, redes auto-organizadas y valor agregado de cada individuo se oponen a activos físicos, trabajo repetitivo y en silos funcionales. El trabajo y la CC cuentan con nuevos fundamentos y objetivos.

II. 2 La educación traspone la esfera de la UT

La educación no solo se imparte en la escuela o la universidad, ya que –al ser redefinida como gente que aprende cosas en cualquier lugar y circunstancia e independientemente de quien la realice- podremos encontrarla en nuevos ámbitos y circunstancias.

Definitivamente, no hay razones para suponer que el aprendizaje ocurra efectivamente en las escuelas. Becker (2009: 186) lo expresa claramente cuando dice que "al ignorar las instancias convencionales que definen el concepto, hemos aumentado su alcance. Hemos descubierto nuevas personas que cumplen la tarea de enseñar y nuevas relaciones donde se produce el aprendizaje". Ésta parece una precisa introducción a la Universidad Corporativa (UC), ya que a través de ella, se pueden encontrar nuevos ámbitos, nuevos actores y —como consecuencia- nuevos resultados en temas de capacitación.

Cita además Becker (2009) que ciertos tipos de enseñanza y aprendizaje son totalmente voluntarios -lecciones de piano, tenis y francés- y que los estudiantes no necesariamente reciben calificaciones y títulos por los mismos; las clases las toman hasta que entienden que han aprendido lo que pretendían. Coincidimos con Becker (2009: 187) cuando dice que "cambiar contenidos convencionales por un concepto o idea de su significado, como forma de acción colectiva, aumenta su alcance y amplía nuestro conocimiento". Por ende, vemos que existen otros modos de capacitar y aprender que no se dan en el ámbito de las universidades e instituciones tradicionales y que pueden ser muy válidos y efectivos.

De hecho, en los últimos siglos, la educación superior y, además, la CC han enfrentado determinada situación paradigmática: la excelencia académica estaba en las aulas de la UT y eran éstas el único ámbito posible donde el saber se generaba y distribuía. Tanto los profesores como los programas provenían de un contexto muy estable, desde donde se dictaban las reglas y las normas.

En los últimos 30 años se han producido cambios que han roto con tal paradigma, dando paso a una distinta distribución del saber y a una necesidad de conocimientos más prácticos y aplicables al mundo de los negocios.

II. 3 Las prácticas de mercado y el conflicto con ciertos valores

Por años, las universidades e instituciones educativas se han sumido en una gran resistencia a las prácticas de mercado. Tan solo un cierto tiempo atrás, parecía imposible que se pudiera tratar a las universidades como un negocio, a los estudiantes como clientes y a los investigadores y profesores como productos. Actualmente, el objetivo de las organizaciones educativas se concentra en la definición de estrategias y acciones que hagan más sencillo llegar al mercado target.

Como consecuencia y a modo de ejemplo, vemos que algunas universidades Americanas se han enfocado en determinado concepto y han puesto a grandes gurúes a la cabeza de sus Instituciones: Harvard University se ha enfocado en Estrategia y Management y Michael Porter es su abanderado; Northwestern University se ha constituido en un icono del Marketing, enarbolando a Philip Kotler como su principal figura. Para llegar a esto, muchas universidades han debido pasar por caminos no faltos de dificultad.

Así, Rutherford (2005) indica que -motivados por una creciente falta de fondos públicos- muchos gobiernos han dejado librada a sus propias fuerzas a la educación superior y que lo invertido por estudiante fue menguando en muchos países. En la medida en que este mercado se fue constituyendo, las universidades y los nuevos actores se prodigaron por encontrar su nuevo lugar. Como resultado, el autor mencionado insiste en que muchas universidades en el Reino Unido comenzaron no solo a dar a terceros la infraestructura universitaria, sino que también, a utilizar soluciones financieras privadas. En este sentido, proveedores de alta tecnología comenzaron a ofrecer servicios en las instituciones académicas; se han creado alianzas con el mundo empresario para entregar enseñanza a distancia; se ha financiado la investigación y –también- se ha puesto un énfasis especial en la ganancia comercial.

Agrega que -en muchos países- los políticos se han quedado con el discurso de una educación para todos y sin restricciones de ninguna índole, lo que ha permitido ingresos irrestrictos a las UT. De este modo, grandes masas de individuos se han volcado a la educación superior, demostrándose que la cantidad y la calidad no siempre van de la mano y -menos aún- en temas de educación. Asimismo, observa que el aprendizaje requiere de individuos comprometidos con su propio devenir (valores intrínsecos) y con el del entorno (valores extrínsecos). Como resultado, todo el sistema entra en discusión, hasta la ética y la moral.

Ante la situación aludida, Ball (2001) en Rutherford (2005) comenta que las universidades han adoptado los caminos más diversos. Algunas, se convirtieron en grandes conglomerados y otras han quedado realmente pequeñas; algunas se han justificado quedando ligadas a su ciudad de origen y otras, han crecido en el ámbito geográfico. Insiste en que el asilamiento o la relación a clusters de distinto tipo diferencian a algunas y, finalmente, se distinguen las que fueron muy protectivas de su staff y profesores, y otras que han aplicado prácticas utilizadas en los negocios (downsizing, por ejemplo). Menciona el caso de la Universidad de Dayton, USA, como caso de éxito de Escuelas de Negocios: ha realizado una sociedad con el Balwin-Wallage College en Berea ofreciendo programas de desarrollo ejecutivo fuera de su ciudad original, los que eran impartidos en modo local en sesiones de uno ó dos días. De este modo, ambas Escuelas de Negocios podían compartir los costos de importantes profesores y de los recursos necesarios para llevar adelante estos programas.

Rutherford (2005) apunta que -con la popularidad de la estrategia y del marketing y su aplicación en las empresas- los mercados se han visto invadidos por nuevos modelos para posicionarse y llegar al consumidor. Además, acota que cuando se trata de competir en mercados altamente competitivos, pareciera que las empresas le llevan bastante ventaja a las universidades, ya que muchas instituciones se encuentran sumidas en un profundo y amplio letargo.

Caminos diversos han llevado a resultados distintos; cada una sabrá sobre la justificación de sus elecciones. Es por ello, que el autor indica que los estudiantes y las instituciones se mueven con los requerimientos del mercado y que se compite por estudiantes que buscan educación superior y vocacional, a través de distintos modos de enseñanza. Concluye que las UT tienen que dejar su lecho de rosas teórico y acercarse al mundo empresario y práctico.

Ball (2001) en Rutherford (2005), llega más allá al decir que la empresa -que se entiende con el rendimiento y las ganancias- solo puede inundar al mundo académico con requerimientos que no siempre pueden ser satisfechos. Las corporaciones acrecientan sus necesidades por servicios educacionales, impulsando que la universidad se parezca a un negocio; la productividad se ha trasladado del mundo empresario y de las fábricas al ámbito académico. Para finalizar, indica que se pierden los límites entre la empresa y la educación superior y se acercan sus posturas.

En este contexto, los planes de estudio deben guardar una cierta relación con los requerimientos del mercado, aunque no todo es alejarse del mundo de las ideas y de la práctica reflexiva. En este sentido, Giroux y Myrsiades (2001) observan que un plan de estudios no debería relacionar -solamente- lo visto en las aulas con lo que pasa en la vida pública; ni a los profesores con la vida intelectual y pedagógica. El tema debería centrarse en que la educación sea un espacio para la práctica reflexiva, donde los estudiantes se puedan desarrollar como ciudadanos críticos e informados. Es por ello, que indica la importancia de aprender a transgredir los límites -especialmente aquellos establecidos entre las distintas disciplinas- y que la vieja academia tradicional deje atrás las resistencias y su narcisística obsesión de pura contemplación.

Indica que -del mercado- viene la presión por la eficiencia, la rendición de cuentas, los indicadores de rendimiento y los estilos de gerenciamiento, y que esta presión limita la crítica y el debate, reduce la capacidad de la universidad a producir ciudadanos conscientes y pretende transformar a la educación superior en una empresa de entrenamiento para grandes negocios. Así, se debería -en modo simultáneo- resistir las transgresiones instrumentalistas del mercado y sostener la defensa de la vieja academia. O sea, que su propuesta se ubica en una posición que alienta la construcción de una nueva academia a partir de la vieja.

De lo anterior, se verifica una contraposición entre la excesiva practicidad de las empresas y los ejercicios teóricos desmedidos de muchos programas de capacitación tradicionales. Gramsci (1991) refuerza este concepto al indicar que no es posible basar la intelectualidad en la elocuencia y sí, hacer participar lo práctico como manera de construcción, organización y persuasión; el ser orador no es suficiente en su visión. Sugiere que -en muchas situaciones- los profesores se alejan del mundo práctico, aislando la vida académica de la empresaria y confiriendo más preeminencia a ejercicios de memoria que a la construcción de un aprendizaje basado en la experiencia dada por el contexto. Agrega que -las torres teóricas en las que se sumergen- les impiden ver una realidad cada vez más exigente en cuanto a habilidades y a conceptos. Por el contrario, advierte que la vida de las organizaciones se ha vuelto excesivamente práctica y orientada al día a día, lo que -llevado a un extremo- produce lógicos desequilibrios.

El estrangulamiento en las finanzas de las universidades y la mayor apertura ha dado como resultado una mayor precariedad en las condiciones de trabajo de los profesores y del staff. Siguiendo este orden de ideas, en un estudio de las universidades canadienses Paul (2005) indica que una considerable proporción de los profesores contaba con el rango de staff académico contratado o staff adjunto y que los empleados trabajaban tiempo parcial o tenían contratos temporarios. Muchas de las contratadas eran mujeres que sufrían discriminación y la naturaleza temporal de sus relaciones laborales impactaba negativamente en la labor académica desarrollada. Además, indica que el trabajo part–time a nivel universitario había crecido de un 22% en 1970 a un 42,5% en 1997. La Organización Americana de Profesores Universitarios (AAUP, por sus siglas en inglés) reportaba que más del 50% de los profesores eran part-time y Canadá sufría la misma tendencia.

No solo las UT sufren esta problemática. Laff (2007) enfatiza que las mejores UC carecían de profesores titulares y esto podía ser visto como una prolongación de lo que sucede en las oficinas, aunque contaban con una misión educacional parecida a la de las UT. Resulta importante el planteo propuesto, ya que la misión que una universidad pretende no puede ser comparada con los de una empresa comercial. Seguramente, no todos los conocimientos tienen valor de mercado, aunque sí pueden contribuir fuertemente a la cultura de una sociedad. Entendemos que definir los límites en los que debería desenvolverse esta discusión sería ayudar a definir la misión de cada actor y la contribución que de ellos se espera.

Ball (2001), en Rutherford (2005) presenta algunos argumentos contradictorios, de complejo enfoque y solución:

- Al profesor se le brinda cierta libertad académica, reducida por un mayor control gerencial dentro de la institución.
- Se pretenden medir activos intangibles -como la satisfacción de los estudiantes y el nivel alcanzado- cosa casi imposible, ya que esta medición se encuentra fuertemente influenciada por las relaciones interpersonales y los objetivos de cada estudiante en particular.
- La conciencia ética de los profesores puede ser impactada en su interrelación en clase.
- La cultura de la auditoria se manifiesta en altos niveles de incertidumbre, y en temores al juzgamiento por parte de los otros.

De acuerdo con su punto de vista, la vida académica se siente en peligro y bajo juicio, y –obviamente- pierden terreno argumentaciones sobre la autoridad intelectual y el conocimiento de los profesores, ante criterios de costo-beneficio y de cálculos de mercado.

Para corroborar lo antedicho, resulta interesante agregar lo propuesto por Paul (2005) en cuanto a la financiación y manejo de las instituciones universitarias canadienses. Indica que muchas de estas organizaciones recibían contribuciones privadas y otras empezaban a ver sus peligros. Asimismo, existían lazos económicos entre las UT -financiadas públicamente- y las privadas, y que -en el tiempo- las instituciones públicas fueron convirtiendo los instrumentos para llegar al mercado en aquellos necesarios para competir en el mundo corporativo. Se refiere a que las instituciones educacionales se convierten en sitios de marketing donde las marcas y los logos corporativos proliferan en los edificios; se adopta, además, un lenguaje comercial en su imagen corporativa, con estudiantes como clientes y disposición al servicio al cliente. De aquí, que concluya que el mayor miedo consiste en que las universidades comiencen a servir más intereses comerciales que públicos.

Por otro lado, Rutherford (2005), puntualiza que el producto educativo ha sufrido una estandarización ya que puede ser vendido en el mundo y hasta convertirse en un producto masivo. El estudiante es visto como cliente que accede a servicios y los diplomas están asociados -cada vez más- con lo que se requiere en el mercado; los grandes temas de la educación se estandarizan y se venden a muchos más consumidores. Es por esa razón, que -para el autor- deviene necesaria la creación de instituciones que aseguren la calidad y las prácticas en la educación (incluida la información que se brinda a los estudiantes). Concluye que la educación está dejando de ser un proceso transformador, constituyéndose en commodities estandarizados.

Como resultado, queda instalado un cierto conflicto entre el mercado y los valores culturales; la ética y el espíritu de cada uno de los mundos en cuestión se ponen en discusión y a prueba. Por ejemplo, y tal lo apuntado por Rutherford (2005), los principios filosóficos de la universidad alemana -basada en lo social, en lo romántico y en el idealismo- fue cambiando por imperio de la revolución industrial, tan destructiva en cuanto a individualidad y sensibilidad. El hombre de cultura siempre estuvo en contra de los designios del mercado y de la encendida defensa de la razón instrumental. Para el autor, el espíritu cae ante la fuerza de un mercado pragmático e implacable.

Reflexionar sobre estos temas nos lleva a la búsqueda de necesarios equilibrios en la enseñanza y a preguntarnos, por ejemplo, ¿cómo combinar conceptos de mercado y de eficiencia con visiones más románticas y sensibles, alejándonos de los extremos siempre tan equívocos? La respuesta la encontrará cada actor, en el reparo de los hechos y de las experiencias recogidas. El objetivo final será proponer una enseñanza que permita encontrar las necesarias bases filosóficas, morales y éticas que construyan nuevos recursos intelectuales y nuevas bases de pensamiento.

II. 4 La educación, un negocio internacional

Convertir al negocio de la educación en un negocio internacional implica encontrar elementos transferibles más allá de sus fronteras. Asimismo y cada vez más, los ejecutivos disponen de menos tiempo por lo que los programas deben adaptarse a sus cambiantes realidades. Internacionalidad, falta de tiempo y sintonía con nuevas necesidades profesionales y educativas devienen en elementos básicos que conforman el desafiante mapa de la educación superior y de negocios.

Celestino (1999) sugiere que la educación ejecutiva ha hecho el camino para que las Escuelas de Negocios (EN) de USA fueran realmente internacionales. Indica que -en lugar de haber esperado al mercado a que se acercara a las EN- se ha dado a la inversa y, así, las instituciones han podido aquilatar conocimientos y experiencias que les eran ajenos. Insiste en que -muchos de los ejecutivos- no deseaban poner sus carreras en espera cuando se trataba de perseguir sus necesidades educacionales y-así- las escuelas de negocios han aprendido a desarrollar programas adaptables a los tiempos e intervalos de ejecutivos muy ocupados.

Agrega que la educación ejecutiva cubre una amplia gama, desde programas ejecutivos MBA con residencia e inscripciones abiertas hasta programas orientados al trabajo (Workshops), los que no dan créditos curriculares y duran varios días.

La autora entiende que resulta fundamental el soporte de la empresa para el empleado que asiste, no sólo por los tiempos involucrados, sino porque -en muchos casos- es necesaria la participación de la misma empresa en la aceptación del estudiante. Finalmente, menciona que existen en el mercado los siguientes tipos de programas:

Programas Ejecutivos MBA (EMBA)

Varían desde aquellos ofrecidos los fines de semana por EN locales, a aquellos que habían estado en el mercado por muchos años (costosos y ofrecidos por escuelas muy selectivas y rigurosas).

A modo de ejemplos cita a: Duke Fuqua School of Business, Freeman School-Tulane University y Marshall School-University of Southern California. Destaca que Duke combinaba clases residenciales (clases en domicilio) con enseñanza virtual y que las clases residenciales se desenvolvían tanto en Carolina del Norte como en Europa, América Latina y Asia.

También, Tulane contaba con clases en New Orleáns, Taiwán y Santiago de Chile y eran ofrecidas en un acuerdo con la universidad de esta última ciudad. Los alumnos podían concurrir a cualquiera de las cuatro universidades aprobadas en Taiwán y los programas eran enseñados por profesores de Tulane Freeman School.

Clases Ejecutivas sin diplomas

Existen muchos de estos Workshops de corta duración, los que son desarrollados en salones de hoteles y en las universidades. Representan un buen negocio con ganancias y -gracias a ello- muchas universidades se habían expandido a este tipo de educación.

Darden Graduate School of Business Administration-University of Virginia ofrecía más de 100 programas de educación ejecutiva cada año y casi todos estaban abiertos a las inscripciones y se desenvolvían en no más de cinco días. Abarcaban temas de gerencia general, liderazgo, marketing, ventas, efectividad organizacional y finanzas. Además, acababan de abrir un complejo residencial de 120 habitaciones para este tipo de alumnos.

Programas adaptados: Acuerdos Corporaciones -Universidades

Menciona que estos acuerdos producían programas de gran valía para el mercado ya que respondían a temas candentes de las empresas. En 1953, Kenan-Flagler Business School (KFBS)-University of North Carolina en Chapel Hill ha sido la primera EN que ha ofrecido -en USA- este tipo de programas. KFBS participaba en muchos programas, tales los casos de Mortgage Bankers Association y Textile Rental Services Association.

Al respecto de los programas de capacitación en negocios, Drucker (2005) presenta una discusión interesante. Resalta el hecho que este tipo de educación está armada para personas de razonable éxito y que estos cursos representan una pérdida de tiempo. Lo importante para el autor es el management y no los negocios, por lo que las instituciones de negocios deberían cambiar su nombre a Escuelas de Management.

Agrega que -en un contexto como el planteado, influido por elementos tales como gobierno, política, sociedad e historia- los profesores deberían contar con experiencia en el campo del management y con reales desafíos en sus espaldas. La experiencia y los desafíos en áreas no cuantificables deberían ser las que dieran profundidad y validez a los contenidos que ellos expusieran.

En las afirmaciones precedentes surgen elementos valorativos que Drucker remarca, tales como:

- La experiencia imprescindible tanto de los profesores como de los alumnos.
- Que en las aulas se realicen planteamientos basados en la vida real y en el desarrollo de habilidades cuantitativas y cualitativas.
- La necesidad de entender el contexto -gobierno, política, sociedad e historia-, lo que resulta en una parte fundamental de la formación necesaria para los ejecutivos de estos tiempos.

Los mercados globales requieren de nuevos enfoques y apertura. Tanto las empresas como los individuos deberían poder encontrar la educación acorde que permita una mayor efectividad en el desenvolvimiento de sus funciones y de su carrera. De ahí, que entendamos que las mejores respuestas podrán ser encontradas a partir del trabajo diario sobre el siguiente tipo de factores:

- La diferenciación -que tanto las instituciones como los alumnos puedan lograr- resulta fundamental a los efectos de elegir y ser elegidos; no

tenerla, implica un impacto negativo en los juegos que el mercado propone. Un ejemplo lo podemos encontrar en el Cirque du Soleil[2]: su fundador Guy Laliberté comprendió que no se le podía ofrecer algo distinto a lo que conocían, por lo que ideó un concepto creativo propio, en donde cada espectáculo es presentado como una propuesta de valor única, diferente y especial con acróbatas, bailarines y atletas que exhiben sus destrezas. Hasta de algo muy conocido –como el circo- pueden remarcarse elementos que diferencien una oferta.
- La alianza con socios educativos válidos –por ejemplo, de hardware, software y contenidos- a efectos de implementar procesos y prácticas educativas que den respuesta a las problemáticas planteadas por tantos alumnos, profesores y staff.

Propuestas creativas y de valor único son las que se imponen en los mercados actuales; las otras –las que imitan- sólo conducen a un fracaso seguro.

II. 5 La estrategia a utilizar y el peligro de la estandarización

El mercado educativo cuenta con nuevos modos de operar. Al respecto, Margolis (2002) advierte que el mercado impone sus reglas y de él, se obtienen nuevos resultados; nuevos vencedores y vencidos. Observa que -cada vez más- las UT deben adoptar prácticas que se refieran al negocio y, también, que los requisitos de admisión para muchas universidades van variando de acuerdo a las necesidades del mayor número de estudiantes que se van enrolando. Por tales motivos, las universidades más prestigiosas cuentan con estudiantes de primer nivel que desean incorporarse a sus claustros.

Por otro lado, indica que las UT no pueden competir en costos con aquellas a distancia y/o más eficientes y que la productividad asecha a las aulas ya que -en modo creciente- el índice "profesor por estudiante" empeora, gracias a que se separan grandes números de estudiantes en pequeños grupos de discusión, manteniendo -a los mismos profesores- con pagas más exiguas.

El tema tecnológico también es abordado por el autor al decir que la mayoría de las UT no ha utilizado exitosamente las tecnologías de información para mejorar la enseñanza y la investigación. Asimismo, se han

---

[2] "How Cirque du Soleil got started". Revista Fortune del 7/11/2011.
http://money.cnn.com/2011/10/25/smallbusiness/cirque_du_soleil_guy_laliberte.fortune/index.htm, recuperado el 22/02/2013.

eliminado clases, laboratorios, bibliotecas y personal por no representar el objetivo primario de tantas instituciones. Es por ello, que insiste en que muchas UT toman a la enseñanza como que interfiere -más que complementa- la investigación y –raramente- desafían la idea que la educación superior debe ser comercializada como una inversión rentable.

Como resultado de su estudio, Margolis (2002) indica que las instituciones cuentan con dos estrategias para sobrevivir: Una que enfatiza los valores culturales más que los beneficios económicos, valores que incluyen: democracia, igualdad, diversidad, movilidad social, progreso científico, iluminación moral, mejora en la calidad de vida, y este tipo de temas; y otra, que se refiere a adoptar prácticas de negocios medidas con criterios empresarios. Según el autor, una interacción virtuosa de distintos elementos de ambas estrategias puede dar la respuesta apropiada a muchas instituciones. Esto incluye:

- La implementación de nuevos criterios para evaluar la investigación, la enseñanza y los servicios comunitarios.
- La reconsideración del aporte de los profesores para reubicar los salarios y la estructura a los nuevos requerimientos.
- El reemplazo de clases tradicionales por sesiones en Internet.
- El corte de costos de investigación gracias a la utilización de bibliotecas digitales y computadoras en red.
- La reducción de servicios gratis y becas, por precios justos.

Amplía que -tanto las UT como las UC- se alejan de sus orígenes ya que las UT invierten en elementos que representan un alto valor para la vida del campus y que las UC lo hacen en centros de conferencias. Además, que los equipos deportivos son administrados siguiendo principios empresarios, firmándose contratos de exclusividad para vender comidas, bebidas y ropa en el campus. De este modo, más personas participan y desarrollan programas de captación de fondos que le permiten a las instituciones un mayor desahogo financiero.

A partir de realidades exitosas, Margolis (2002) cita algunos ejemplos como el de la University of Phoenix, Jones International University y Knowledge Universe, las que utilizan tecnología de información online, ofreciendo diplomas en distintas carreras, como también, programas online para otras instituciones. En este sentido, el autor prevé una gran estandarización educativa a futuro ya que se irá dando el caso de cursos desarrollados por una institución y vendidos a otras, sin necesidad de gastar dinero innecesario en el desarrollo de cursos. Más aún, se pregunta si estos cursos ya desarrollados no podrían ser enseñados por los mejores profesores del mundo. Las instituciones que no son de elite podrían no limitar sus cursos a los de su propia preparación y a que cursos -y hasta facultades enteras- podrían ser comercializados como franquicias de una mejor y más distinguida universidad.

Es por ello, que -de acuerdo con Margolis- la gerencia de las instituciones educativas debe seguir, también, el curso de los acontecimientos. Los programas y cursos deben ser vistos desde una óptica competitiva y -si los mismos no producen la suficiente cantidad de inscritos- deberían ser reducidos o cancelados. Por este motivo, entendemos que -en el ámbito de la educación superior- no se descarta la posibilidad de sociedades, fusiones, compras, consolidaciones y otras soluciones que en el campo corporativo ya se utilizan como práctica corriente[3].

En un esquema como el planteado, el autor presupone que los mejores profesores e investigadores prestarán servicios para las mejores universidades y programas, y los mejores estudiantes podrán concurrir a programas selectos con una beca o pagando un precio mayor. Existirán estudiantes que podrán tener otro tipo de interacción ya que -si por distintos motivos no pueden viajar- podrán acceder a las clases o conferencias online.
Su opinión es que estudiantes, políticos, donantes y quienes pagan impuestos estarán contentos y que el campus del futuro será el triunfo del mercado libre. Nadie objeta esta postura, salvo los profesores.

Desde nuestro punto de vista, este enfoque -si es que no fuera balanceado por los Estados nacionales- llevaría tanto a una selección forzada por elementos y factores ajenos a los que la UT pretende, como también, a la supervivencia de los más fuertes, lo que no quiere significar de los mejores o de los que persigan los fines sociales para los que tal institución fuera creada. Del balance de la situación depende la vida de muchas instituciones y de muchos valores que deben mantenerse o rescatarse.

---

[3] Esta práctica ya se está observando en algunas Escuelas de Negocios de Francia, por ejemplo.

CAPÍTULO III
LA UNIVERSIDAD CORPORATIVA (UC)

A lo largo de los distintos capítulos de este libro, hemos recorrido un largo camino que nos ha permitido profundizar al respecto del origen y el contexto en el que surge la UC, como modo de entenderla y dar relevancia a sus posibilidades en la CC. Un ambiente en el que la UT aparecía como única proveedora de educación superior y corporativa.

Se ha planeado que la UT se justifica en determinados elementos y valores que la constituyen y dan valor a su propuesta, aunque –con el correr del tiempo- han sido necesarios nuevos modos de llegar a estudiantes que tenían necesidades más ligadas con el mundo práctico y de los negocios y, además, disponían de mucho menos tiempo.

En el presente capítulo se propone comprender la UC: su inicio; su definición, alcances y objetivos; por qué crearla; las principales diferencias con los Departamentos de Capacitación Tradicional (DCT) y, también, la necesidad de armonizar el mundo universitario con el corporativo.

III.1. Sus inicios

La creciente necesidad educativa ha permitido que las UC florecieran respondiendo a diversos objetivos. Así, Pietrykowski (2001) indica que el mundo empresario se ha entrometido en el universitario desde hace mucho tiempo, y cita algunos ejemplos: la Escuela de Negocios de Harvard que en 1908 se movió fuertemente para enseñar prácticas de negocios; la Universidad de New York, que -en 1919 y a raíz de una iniciativa de las tiendas Macys- abrió la Escuela de Retailing y, también, el de la American

Hotel Association (Asociación de Hoteles Americana) que -en 1922- desarrolló programas de hotelería con Cornell University.

La UC tampoco es una nueva idea. El mencionado autor indica que -en 1927- General Motors resultó ser una de las pioneras a través de la creación del GM Institute. Agrega que debemos remontarnos a los años '50 para encontrar una más amplia divulgación del concepto, donde General Electric introdujo el Crotonville Management Development Institute y Walt Disney, la Disney University. Finalmente, entiende que la gran explosión se produjo en los años '90 gracias al impulso dado por corporaciones de la talla de Motorola y Disney.

A su vez, la UC ha mostrado una evolución vertiginosa: en 1988 ya existían unas 400, en el 2000 más de 2000 y —actualmente- ese número llegaría a más de 3.000. Tantas se implementaron que -en 1998- se estimaba que un 40% de las empresas Fortune 500 ya contaban con una UC (Pietrykowski, 2001). Como consecuencia, para muchos estamos en presencia de un nuevo paradigma en el modo de capacitar y desarrollar el talento en las organizaciones.

A lo largo del mundo, la Universidad Corporativa ha evolucionado en manera dispar. El Prof. R. Dealtry[4] nos ha manifestado que esta evolución dependía mucho de la zona geográfica que fuera considerada, indicando que en USA y algunos países de Europa Occidental -países desarrollados- se podía visualizar el más elevado estado del arte en este tema. Entendemos que en casos más específicos como España, Francia e Italia, donde el tejido productivo está compuesto por PYMES -Pequeñas y Medianas Empresas-, el fenómeno de las UC no se ha desarrollado mayormente y, esto quizá se deba a que no han podido encontrar las bases de un modelo que involucre a este tipo de empresas. Finalmente, el especialista nos ha indicado que, en áreas en desarrollo como Asia y Europa del Este, se ha producido una gran evolución en los últimos años, verificándose un inicio mucho más reciente aún en Latinoamérica.

Pietrykowski (2001) corrobora lo anterior y nos permite comprender -en mayor profundidad- a la UC y su radio de influencia. A continuación se ofrecen algunos fragmentos de su propuesta:

– No solo su número ha ido en aumento, sino que también, han variado sus propósitos y métodos en función de nuevos requerimientos del

---

[4] Profesor universitario y especialista en temas de capacitación corporativa y UC. Entrevista realizada por E-mail el 20/08/2009

mercado. Antes, el campus de la universidad representaba un activo de valor mayor que lo que hoy puede representar ya que han aparecido distintas posibilidades tecnológicas surgidas como respuesta a los inconvenientes de tiempo y traslado de una sociedad tan móvil como apurada. Así, las clases online son una realidad, sin importar dónde esté ubicada la universidad o dónde se encuentre el estudiante.

- Actualmente, las condiciones del trabajo de la fuerza laboral académica se encuentra mucho más controlada, aunque se ha perdido control sobre el verdadero contenido académico. Identifica proveedores que pretenden estandarizar toda esta actividad, desde IBM, Microsoft y Prentice–Hall, hasta los defensores del entrenamiento como Motorola University, entre otros.
- Los libros publicados -ofrecidos hasta en medios online- representan un ingreso importante dentro de la industria de la educación. A su vez, los libros de texto y las tecnologías representan restricciones en este ámbito, con lo que se presenta un lugar de conflicto entre las universidades y algunos de los posibles actores del mercado.
- En el mercado se observan universidades privadas que persiguen fines de lucro y UT que buscan ganancias para permanecer en el mismo. Realidades como Phoenix University y DeVry Institute evitan no solo los profesores titulares y full time, sino, también, a los departamentos tradicionales, edificios, estadios deportivos, dormitorios, bibliotecas; en un modo simple, evitan los pertrechos de la vida universitaria tradicional. De este modo arman módulos o unidades que configuran sus programas, dando la posibilidad del re-armado de los mismos para convertirlos en otros programas que sean de utilización para varios fines, hasta programas certificados.

A continuación se mencionan casos de UC -que son citados por diversos autores- y que ejemplifican su funcionamiento y objetivos:

- Campbell Soup Co. creó la Campbell University en el año 2006 contaba con 30 programas solamente y sin enseñanza en línea. Incluía clases, un mentor, un coach, enseñanza en el trabajo y mejora de habilidades, entre otros, a los efectos de dar desarrollo de carrera y retener a sus empleados (Kranz, 2007).
- Caterpillar Inc. creó su UC en el año 2001 como respuesta a los planes agresivos de crecimiento en Asia y Europa del Este y para cubrir las habilidades faltantes en más de 6.000 empleados. Hasta ese momento, las más de 28 unidades de negocios globales proveían de entrenamiento autónomo a sus empleados. Las cosas comenzaron a cambiar para sus 94.500 empleados y 105.000 distribuidores independientes una vez que

fuera desarrollada la estrategia de enseñanza corporativa, la que estaba centrada en el desarrollo de una visión común (Kranz, 2007).
- Motorola University -probablemente la más grande- comenzó sus operaciones en 1981, con un presupuesto anual de 200 millones de dólares, un campus central en Chicago y otros distribuidos alrededor del mundo. El plantel de profesores estaba compuesto por unos 400 profesores full-time y otros 700 part-time. Ofrecía programas de liderazgo, management, ventas y marketing de tecnologías emergentes y el costo y la duración para los no empleados variaban de acuerdo al caso. Estaban dispersos en 100 sitios y 21 países con un staff de 700 personas, no contando con un centro de entrenamiento único. Sus programas eran impartidos online (Greeberg, 1998).
- Disney University atraía a ejecutivos y público en general, además de sus propios empleados y gerentes. Es citado el caso de un gerente que concurrió al curso The Disney Approach to Customer Royalty, por el que abonó 2.700 dólares americanos, y reconoció que el curso abarcó temáticas nunca antes cubiertas en una universidad. Las UC se han convertido en centros de ganancias y sus negocios se fueron expandiendo con los del negocio principal, ejemplo de esto es justamente Disney. Los programas cubrían temas de creatividad a liderazgo y se desenvolvían en sus edificios de alto vuelo y diseño con 28 estudios de aprendizaje, centros de producción de altas calidad, un anfiteatro externo, un cine, una estación de radio y un centro de negocios (Kranz, 2007).
- Ford Motor Co. y Anheuser-Busch han adoptado una estrategia más cauta abriendo sus puertas solo a sus empleados y proveedores (Kranz, 2007).
- Tennessee Valley Authority (TVAU), empresa nacional productora de electricidad, ha destinado el 3% de lo que abona en sueldos a crear su UC para sus 15.000 empleados de 7 estados. Tres años antes, unas 60 organizaciones abonaban 395 y 695 dólares americanos por uno o dos días de concurrencia a sus cursos, respectivamente (Kranz, 2007).

Desde la visión de Greeberg (1998) la UC ha propuesto un cambio fundamental: ligar la estrategia y los objetivos generales al entrenamiento y a la capacitación, abarcando al entrenamiento y a la capacitación como un proceso de aprendizaje estratégico. Esto produce un impacto directo en la motivación y la satisfacción de cada individuo. Concluye que -en los años '70- fueron creadas como un mecanismo de entrenamiento y, luego, como un órgano de diseminación de cultura y valores dentro y fuera de la organización.

Tal lo que hemos analizado, han sido tantos los pioneros y –además-

muchos los que en la UC han encontrado un beneficio tangible para sus propuestas de cambio y evolución organizacional. En el próximo acápite ahondaremos en su definición, alcances y objetivos como un modo de presentar mayores elementos que la justifican.

III.2. Su definición, alcances y objetivos.

En la entrevista mencionada con el Profesor y especialista R. Dealtry, ha surgido que existen diversas opiniones en cuanto al nombre "universidad", en ellas utilizado. Seguramente, esto es debido a que existen elementos comunes a las UT, tales como el plan de estudios, los profesores, cursos, staff, acreditaciones, aulas, laboratorios y registro de los resultados de los cursos realizados. Por ende, las coincidencias bien podrían justificar llamarlas "universidades", aunque se aclara que no es idea de este trabajo proponer una discusión sobre el nombre de las UC. Si el nombre presentara algún inconveniente bien pueden ser llamadas, por ejemplo, Academias Corporativas.

A partir de lo anterior, una UC podría ser definida en muchos modos y -para ello- recurriremos a diversos autores que podrán ayudar al respecto:

Meister (2000) la califica como un ámbito empresario donde toma lugar la educación total a impartir. Incluye a los empleados, clientes y proveedores, ligando los objetivos estratégicos a los de la enseñanza para cumplir con los objetivos de la organización. Indica que -al respecto de soluciones educativas tales como el DCT y la UT- la UC representa una redefinición de estos conceptos ya que enlaza los objetivos estratégicos con los educacionales individuales y colectivos de la organización.

De este modo, establece que la UC bien podría definirse como el lugar en donde las decisiones estratégicas tienen su origen, a través de la utilización del aprendizaje y del cambio cultural y que -en ella- no deberían existir elementos disociados o fuera de contexto, pudiendo visualizarse como un catalizador de los procesos y recursos importantes de la empresa.

Por otro lado, Garman (2003), la define como entidad educacional y herramienta estratégica que permite asistir a la organización en la consecución de su misión a través de actividades que cultivan el aprendizaje, el conocimiento y la sabiduría individual y organizacional.

Va más allá proponiendo la siguiente clasificación: 1) Entrenamiento solamente, 2) Entrenamiento y, además, desarrollo ejecutivo, con otorgamiento de créditos académicos y 3) Emisión de diplomas académicos.

En modo más específico, la UC implica que:

- El entrenamiento sea tomado en la organización como una necesidad prioritaria para el desarrollo estratégico de la misma;
- Se proponga el desarrollo de la diversidad, permitiendo incorporar nuevos horizontes de desafíos y nuevas oportunidades, con empleados que se sientan más incluidos a través de más fuertes habilidades individuales y como equipo;
- Se dispongan de los mejores entrenadores que ayuden a elevar el nivel en los resultados de los participantes; y
- Sean conocidas las habilidades y conocimientos que tiene cada integrante de la organización, al participar en un entrenamiento, a los efectos de asignar apropiadamente a los miembros de los equipos de trabajo.

A su vez, Hundley (2002) la entiende como un paraguas estratégico que permite cumplir con los objetivos de enseñanza de la organización, los que pueden ser formales, informales y de entrenamiento en los puestos de trabajo. Cita, asimismo, características que entiende fundamentales en este tipo de programas: adaptados a las necesidades; enfocados en el desarrollo gerencial; instrumentados con enseñanza a distancia, certificaciones profesionales y de la industria; responden a un mapa de competencias que ayuda al planeamiento de carrera; utiliza el mentoring y otras iniciativas de desarrollo de los empleados.

De este modo, entiende que agrega valor en las competencias centrales a través del alineamiento de los esfuerzos de enseñanza y como soporte a la dirección estratégica, a la misión y a la cultura corporativa. De acuerdo con su visión, la validez de este planteamiento cobra especial importancia en los mercados actuales, donde, debido a la alta competencia, es necesario establecer ventajas competitivas en los productos, servicios y procesos a través del talento humano disponible -empleados, clientes y proveedores, principalmente-.

Completa que –también– podría ser definida como el órgano corporativo por el que se mejora la productividad y el rendimiento de los empleados, manteniéndolos cercanos a las últimas tecnologías educativas necesarias para transformar el entrenamiento tradicional en aquel que permita estar al paso del tiempo.

Para concluir, pone como ejemplos que algunas UC como la de Motorola y Disney han expandido sus campus por el mundo y otras han preferido ser virtuales desarrollando sus Intranets.

De acuerdo con el trabajo de Waks (2004) la UC se aplica a tres tipos de organizaciones:

- Establecidas: son universidades sin fines de lucro que se adaptan a presiones económicas y tecnológicas, gracias a la adopción de prácticas de modernas corporaciones comerciales.
- Relativamente nuevas: son universidades muy novedosas que apuestan a la creatividad y a la innovación, que operan como organizaciones comerciales pero que satisfacen los requerimientos políticos y legales para adquirir el status de universidad. Un ejemplo es la Universidad de Phoenix, una universidad online que está ubicada entre las dos mejores del mundo y que cuenta con más de 300.000 estudiantes.
- Completamente nuevas: organizaciones educacionales que operan y proveen educación y entrenamiento a corporaciones comerciales. Un ejemplo es la Marriott University.

De acuerdo con el autor, las Organizaciones relativamente/completamente nuevas proveen un producto diferente que las UT, pero concuerdan con ellas en la implementación de prácticas académicas tradicionales, relacionadas con áreas de reclutamiento y retención de recursos, estándares académicos, precio y cultura orientada a lo empresarial.

Por otro lado, Meister (2000) indica que algunas UC exitosas comercializan programas muy requeridos a personas que no pertenecen directamente a la organización, como por ejemplo, proveedores, clientes y otros individuos externos. Disney University y Saturn University son ejemplos de íconos de UC que se dirigen al público interno y externo, aunque se recalca que, a pesar de lo dicho, el objetivo primordial de la UC es el de desarrollar el talento de sus propios empleados.

La alianza es un modo de ampliar el radio de acción y los recursos existentes. Al respecto, Walks (2004) indica que la alianza con las UT no es un requisito, aunque muchas lo han hecho como modo de adquirir o desarrollar competencias que no tenían dentro de la empresa y que estaban destinadas a fortalecer la oferta de productos y servicios. Así, cada vez más se observan alianzas y colaboraciones que abarcan tanto a las UT como a las UC, a los profesores y a los proveedores de servicios educacionales, en general.

Además, menciona que se otorgan premios de distinta índole a organizaciones que cumplen con las normas de calidad establecidas. La organización privada Corporate University Xchange, con sede en New York y dedicada a reunir los profesionales de la materia, entrega anualmente premios a las empresas que se destacan por sus contribuciones en esta área profesional. Asimismo, empresas como Infosys Technologies Limited, Booz Allen Hamilton, Accenture y Barclays han recibido diversas distinciones que marcan su compromiso y contribución con el desarrollo de sus UC.

Para concluir, podemos agregar que la creciente aceptación de la UC se debe a un modelo de educación orientada al mercado con foco en la conveniencia, self service y uniformidad de producto. Representa una oportunidad para establecer sociedades y servicios más novedosos, como también y -de acuerdo a como quiera ser visualizada- una competencia o complementariedad con la educación tradicional. La UC, así entendida, se transforma en un laboratorio de enseñanza de las prácticas y tecnologías del futuro; representa el puente entre lo que existe y lo que algunas organizaciones vislumbran en sus visiones.

IV.3 ¿Por qué crearla?

Los motivos por lo que las UC pueden ser creadas responden a una variada amplitud de factores, los que incluyen la posibilidad de cubrir la brecha que se observa entre las personas más inteligentes y el conocimiento que las organizaciones requieren, como también, responder a la velocidad de los cambios que se producen en el ambiente de los negocios. A continuación se ofrece un análisis mayor de estos factores:

Existe una brecha entre las personas inteligentes y el conocimiento que las organizaciones requieren

Las tecnologías y los distintos medios crean brechas en el conocimiento de los individuos, las que solo podrán no profundizarse si es que se produce un aumento en su conocimiento y sus habilidades. Por este motivo, es que el planteo de este trabajo se orienta a insistir en que -en gran parte- la salud y crecimiento de las organizaciones dependen de las distancias que se mantengan de las eficiencias operativas (por ejemplo, reduciendo costos y personal) y -de este modo- mutilando los niveles de conocimiento existentes.

Un modo de enfocar esta temática se relaciona con el análisis de la inversión en entrenamiento y desarrollo, la que ha tenido vaivenes a lo largo de los años. Tal es así, que Gordon (2003) cita el caso de la burbuja de los años '90 y de cómo – a raíz de ella- se había disminuido la educación de los trabajadores. Indica que esta disminución en las inversiones en capacitación estaba principalmente motivada en el continuo énfasis en las ganancias de corto plazo, por lo que la solución se encontraría si se incrementara el foco en plazos largos y en una visión mucho más ligada con el factor humano.

Por razones como las apuntadas precedentemente, son muchos los líderes que han comenzado a visualizar el valor de la UC en sus organizaciones y de su impacto positivo en el negocio. Asimismo, ya son muchos los que, también, observan que la tecnología tiene gran influencia en el corto plazo, aunque -por sí sola- no es suficiente como factor de diferenciación porque requiere del acompañamiento de cambios en el management y en los procesos fundamentales.

En los próximos años, se prevé que habrá una reducción drástica en la cantidad de trabajadores y que el único modo de suplirla será a través de mayores dosis de entrenamiento y capacitación. En este sentido, Gordon (2003) sugiere que:

— Para el año 2010, en USA, Europa y partes de Asia- el número de personas de entre 35 y 45 años caería un 15% y que esto garantizaría grandes cambios de los recursos humanos en el ambiente de trabajo.
— En los próximos 17 años -en USA- unos 70 millones de baby boomers[5] dejarán el ambiente de los negocios y que sólo 40 millones de trabajadores entrarán al mercado laboral en el 2020.
— De acuerdo con el Departamento de Trabajo de USA- para el 2010 habrá una falta de unos 10 millones de trabajadores en áreas de tecnología (IT).
— Este faltante de trabajadores no solo tendrá lugar en USA. Un estudio internacional de negocios realizado por la Asociación India de Management (All India Management Association) indica que, para el 2020, habrá una falta de trabajadores de entre 32 y 39 millones de puestos de trabajo, de los cuales 17 millones faltarán en USA, 10 millones en China, 9 millones en Japón, 6 millones en Rusia, 3 millones en Francia, 3 millones en España, 3 millones en Alemania y 2 millones en UK.
— Un inconveniente mayor se encuentra en el trasplante de conocimientos que se ha realizado en los últimos años a zonas donde existía un más bajo costo y buenas habilidades. Este trasplante de conocimientos y tecnologías a otras áreas ha sido presenciado por una indiferencia a la

---

[5] Personas que nacieron luego de la Segunda Guerra Mundial en algunos países anglosajones que experimentaron un elevado e inusual aumento de la natalidad.

educación que han tenido los países que las trasplantaban, sufriendo la consiguiente desaceleración de sus conocimientos.
- Esta brecha de personas inteligentes (smart-people gap) deberá ser cubierta por altos contenidos de entrenamiento, aunque surge la siguiente pregunta: ¿cuánto entrenamiento y capacitación distribuir y a dónde? Jeff Taylor, CEO de Monster.com, New York., ha acotado que el trabajador del conocimiento estará al centro de la desesperación de la organización. Es por ello, que indica que Douglas Swanson -Presidente de Erie, empresa de sistemas localizada en Pensilvania, USA- lo explica claramente: un cierto pragmatismo es necesario en el manejo de la manufactura y algún día aprenderemos que la distribución descontrolada de conocimientos propietarios en manufactura a áreas más ambiciosas, más motivadas y de menores costos en el mundo es como dar de comer a los tiburones. Es citado un alto ejecutivo encargado de la producción global en Toyota, Tokio, quien ha expresado que la alta productividad que alcanzaban en sus fábricas estaban en relación con maquinarias muy desarrolladas, aunque no todas eran exportadas a las fábricas del exterior a fin de prevenir que cayeran en las manos de sus rivales.
- Como consecuencia, la flexibilidad económica basada en altas habilidades y un desarrollo educacional sostenido deberían representar un punto importante en la agenda de los países. Para ello, las personas inteligentes, con altos niveles de educación, entrenamiento y conocimiento especializado, jugarán -cada vez más- roles de importancia en los mecanismos de crecimiento y desarrollo. Las economías más desarrolladas deberán cuidar mucho más sus desarrollos tecnológicos y creatividad para dar mayor valor a lo que produce, como así también, a sus trabajadores para que puedan proveer el adecuado talento al momento justo. Es por esto que –hoy- la batalla se centra en el talento, dondequiera que se localice. De ahí que los conocimientos y las ideas se encuentran distribuidos como nunca antes en el mundo, existiendo una gran oportunidad para muchas áreas que sepan tomar ventaja de este hecho y para los individuos también, ya que -en estos momentos- no es tan importante la locación física, sino el conocimiento que pueda disponerse.
- En el corto plazo, el objetivo es incrementar las inversiones en entrenamiento y, en el largo plazo, se deberá incrementar el soporte a las distintas carreras en cada comunidad, con el fin de crear trabajadores del conocimiento en las localidades necesarias y para que las organizaciones se desarrollen sin pérdidas de conocimiento en manos de competidores. Enfatiza el hecho que históricamente USA haya sido un alto consumidor de personas inteligentes no implica que no deba seguir invirtiendo en este aspecto. Por otro lado, esto representa una gran oportunidad para los otros países y zonas geográficas al tener una oportunidad única de

disponer de conocimiento y alternativas de desarrollo de negocios con alto potencial de réditos.

A manera de resumen de lo expuesto, entendemos que sería aconsejable distinguir la información propietaria de aquella que pueda ser distribuida con más facilidad. Los ejecutivos y dirigentes deben contar con el poder analítico y de discernimiento necesario como para entender aquellos elementos distintivos que presenta su cadena de valor presente, custodiando –además- las bases de su conocimiento futuro. Por ejemplo, esto último no fue entendido a fines de los años '80 por parte IBM en el área de computadoras personales y hoy, ese negocio ya no le pertenece (ha sido comprado por la firma Lenovo) y algunos elementos específicos están en manos de otros jugadores (Intel, los microprocesadores y Microsoft, el sistema operativo y sistemas de aplicación).

Cambian los negocios y las habilidades requeridas
Los negocios cambian a gran velocidad y -con ellos- los conocimientos y habilidades que son requeridas. Del estudio efectuado sobre distintos autores (Fenn, 1999, Desnford, 1999, Lazarus, 2006 y Meister, 1999 en Gerbman, 2000), surgen los motivos principales por las que la UC podría crearse, los que se refieren –básicamente- a la mutabilidad observada, tanto en los negocios como en las habilidades de los individuos. Veamos esta temática en una mayor profundidad:

- *El cambio, la obsolescencia de los conocimientos y el desarrollo de la empleabilidad de los trabajadores.* Meister (1999) indica que los trabajos, las técnicas y la tecnología cambian a gran velocidad y que la recalificación de las habilidades se presenta como un imperativo imprescindible. De esta manera, muchos ejecutivos han entendido que la competitividad de sus empresas en el mercado depende de la ayuda que le brinden a sus empleados, actualizándolos en sus habilidades. A modo de ejemplo -en 1996- Sun Microsystems anunció que su facturación estaba constituida por productos que habían sido introducidos solamente dos años atrás. Es ésta la velocidad a la que los empleados deben cambiar y adaptarse, dice la autora.
Agrega que mirando las cosas desde la óptica de los empleados, ellos se beneficiarán si sus carreras incluyen adecuados planes de desarrollo, y que -la actualización en los conocimientos y la adquisición de nuevas capacidades- les permiten mejorar su rendimiento y sus posibilidades laborales. Menciona empresas que -cuando sus empleados concluyen determinado plan de desarrollo- les brindan mejoras salariales e incremento en sus responsabilidades y que existen otras que han visto

un fuerte incremento en la moral de su personal gracias a la implementación de la UC.
- *Enlazar la educación de los empleados a la estrategia general.* La democratización de la estrategia se presenta como un imperativo, por lo que diseñarla con la participación de todos los empleados resulta fundamental (Gerbman, 2000). De este modo, enlazar el proceso estratégico con el de capacitación se transforma en una de las piedras angulares para el armado de las organizaciones.
- *Necesidades competitivas*: Las necesidades competitivas hacen que las organizaciones requieran de individuos altamente capacitados. La tecnología y las asociaciones pueden ayudar a resolver problemas que propone este mundo global y dinámico.

Meister (1999) indica que si una empresa quiere ser competitiva debe crear una UC y, para ello, no es necesario contar con un campus ya que -la falta de un lugar específico- podría solucionarse a través de la asociación con alguna institución que pueda brindar ese servicio. Por otro lado, si la empresa es global –o sea, con oficinas en diversos países- probablemente la solución se encontrará por el lado del e- learning (enseñanza a distancia).
- *Diseminar cultura y valores comunes.* Establecer cultura y valores implica brindar bases comunes de sustentación ante las nuevas decisiones que deban tomarse. Tales decisiones deben responder a los patrones que la organización se fije.

A su vez, la UC puede ser considerada como una manera de moldear mentalidades, transformando a cada individuo para que aporte su máximo rendimiento en medio del bombardeo incesante de información que se recibe diariamente (Meister, 1999).
- *UT que no reaccionan en los tiempos que requiere la industria.* Muchas UT no crean programas específicos -por ejemplo, para ingenieros y manufactura- en los tiempos que los mercados y las corporaciones lo requieren (Fenn, 1999). Es por ello, que indica que prefieren hacerlo directamente a través de sociedades con universidades, proveedores y una gran cantidad nuevos jugadores que el mercado ofrece (por ejemplo, editores, los que ponen a disposición una gran variedad de contenidos). Para el autor es muy probable que, como en tantos mercados fueron eliminados intermediarios -por caso, Dell es un modelo sin distribuidores, con buen servicio al cliente- también, en el mercado de la educación superior, suceda lo mismo.
- *Aumento en los ingresos y motivación.* Resulta muy difícil poder relacionar el aumento de los ingresos de la empresa con las actividades de entrenamiento y capacitación, aunque son muchos los ejecutivos que ven la importancia de este aspecto en la moral de los empleados, que

son quienes alcanzan esos objetivos y quienes representan el activo más importante con el cual cuentan (Densford, 1999). De la motivación surge la innovación y la creatividad que toda organización necesita y que -bien manejadas- produce el aumento de ingresos necesario.
Un más amplio pool de talentos y mejora de la contratación del personal. La ampliación del pool de talentos podría obtenerse a través de la complementación de la educación universitaria y la corporativa. La UC podría ayudar a incrementar la empleabilidad de los futuros candidatos (Lazarus, 2006).
Indica que -muchas veces- resulta difícil encontrar los talentos que estén en condiciones de afrontar un primer trabajo ya que las universidades preparan a sus alumnos en temas teóricos, que no siempre guardan correlación con el mundo práctico de las empresas. De aquí, que concluya que los alumnos recién recibidos no siempre cuenten con las competencias que requiere el mercado (por ejemplo, en el área tecnológica, procesos y habilidades blandas como comunicación, trabajo en equipo, negociación, relaciones interpersonales).

- *Retener el talento*. El conocimiento cuenta con un valor incalculable, por lo que retenerlo es sinónimo de competitividad. Fenn (1999) enfatiza la importancia del entrenamiento y cuánto ayuda en la atracción y retención del personal. Es por ello, que muchas empresas toman la decisión invertir ingentes sumas de dinero en una UC. Al respecto, Lazarus (2006) cita como ejemplo a BMO Financial Group, empresa que había invertido 500 millones de dólares para establecer un Instituto de Enseñanza.

Densford (1999) agrega que no solo la UC brinda desarrollo y entrenamiento y contribuyen a la mejora de los resultados del negocio, sino que –además- atraen y retienen a los mejores empleados. Indica que, cuando se trata de atracción y retención de trabajadores talentosos, el entrenamiento y desarrollo es la segunda opción elegida, solo luego del plan de opciones en acciones. Por esta razón, las empresas dan a conocer estos planes, no solo en la fase de reclutamiento sino a posteriori, lo que es realizado a través de artículos y páginas Web.

- *No siempre el objetivo es mejorar las habilidades de los empleados*. También, el reclutamiento y la retención de los mejores puede ser el motivo de existir de una UC. Densford (1999) menciona el caso de Kendle Internacional -una organización dedicada a la investigación y desarrollo farmacéutico y bioquímico- que lanzó el Kendle College cuando comenzaron a observar -en las entrevistas con candidatos- que otros competidores ofrecían reembolsos por estudios y que la razón número uno para aceptar un cargo era el compromiso de la empresa en el desarrollo y capacitación de su personal. Ése fue el momento en que se decidieron firmemente a crear una UC y agrega que luego vinieron las asociaciones con la University of Cincinnati y otras instituciones académicas, a consecuencia de escuchar que para sus empleados eran muy importantes las certificaciones profesionales y otros diplomas.

Asimismo, la carrera y el entrenamiento han tomado gran preponderancia entre los nuevos componentes de la fuerza laboral por lo que se ha transformado en un tema de directa responsabilidad de cada individuo. Los empleados hoy pretenden que las empresas les ayuden a construir el mejor currículum posible, ya que sus carreras dependen de mejorarlo continuamente.

De acuerdo con un artículo, el Census Bureau de Suitland[6], MD, USA, proveía servicios de estadísticas y había creado la Census Corporate University con el fin de transformar su fuerza laboral a partir de estrategias de desarrollo y planes de aprendizaje. Los nuevos ingresos de personal eran incluidos en un Programa de Orientación que incluía el desarrollo de competencias. Así, exploraban un variado número de oportunidades de aprendizaje ligadas a los planes de competencias de la empresa, los que comprendían programas certificados con universidades como George Washington University y University of Maryland.

Además, se habían conformado planes de créditos que eran muy valorados por los empleados.

Por otro lado, se cita que el equipo académico era parte de un plan que lo preparaba para trabajar cerca de los estudiantes. Los consultores académicos, podían discutir con los empleados sus carreras, sus desafíos, revisaban las habilidades que les podían interesar y establecían objetivos claros de desarrollo. De este modo, los planes de competencia diseñados eran ligados a los conocimientos adquiridos y a los aplicados en el trabajo.

– *Establecer relaciones positivas entre los integrantes de la organización.* Los programas de entrenamiento pueden contar con el objetivo de ayudar a adquirir nuevos conceptos y -a su vez- pretender el establecimiento de relaciones positivas entre ellos. Un ejemplo que cita Densford (1999) es el de Boston Grand Circle Corporation, firma que había crecido en los últimos años a un ritmo muy elevado gracias a clientes importantes y al trabajo conjunto de sus empleados, creando el programa Business Works. Este curso de dos días, proponía actividades en equipo tales como las destinadas a la construcción, a distinto tipo de ejercicios y a desafíos al aire libre, mostrándose cómo se manejan las responsabilidades fuera del ámbito corporativo. Un dato significativo que cita el autor es que, las ideas que habían surgido en este programa, produjeron ahorros de más de 1 millón de dólares para la empresa.

---

[6] "Developing learners at the Census Corporate University, CCU" (1999), sin autor.

En modo más amplio y aportando una nueva perspectiva, Hagel III y Brown (2005) entienden que el nuevo imperativo para la creación de oportunidades es la construcción de capacidades, las que cambiarán las mentalidades individuales y colectivas a relaciones más dinámicas. Entienden que estas capacidades no son algo dado, pero pueden ser rápidamente desarrolladas para crear nuevos modos de producir ganancias. Dicho de otro modo, la ventaja no es fija y puede ser rápidamente cambiada si se desarrollan ecosistemas que ayuden a acelerar la construcción de las capacidades necesarias. Además, indican que para que la profundización en las capacidades cuente con la rapidez requerida, es necesaria la alianza con jugadores especializados.

Interesante la observación que hacen los autores –además- en relación a la propiedad física e intelectual, la que entienden deviene menos central y hasta no relevante. Indican que la atención debe dirigirse a las personas con las que trabajamos, ya que son ellos los que tienen las claves para acelerar la construcción de las capacidades y, por ende, la posibilidad de crear nuevo valor. Agregan que el inventario de los activos existentes -incluyendo información y conocimientos- disminuye en valor si también se reduce el flujo de nuevas ideas y experiencias, lo que es verdad no solo para las organizaciones, sino además, para los individuos. Es por ello, que proponen que el foco debe ponerse en la evolución de los ecosistemas a los que las organizaciones pertenecen, en la red de procesos globales y en la infraestructura de comunicaciones y transporte, no en las instituciones en modo aislado.

Resaltan que son requeridos tres elementos para acelerar la construcción de capacidades: especialización dinámica, conectividad y apalancar la construcción de capacidades. Para los autores, la especialización implica ofrecer disrupciones en productividad a escala global, requiriéndose conectividad y métodos efectivos de coordinación. La conectividad se relaciona con la infraestructura de comunicación y políticas de mercado, financieras y de inmigración que ayuden a comprender el grado de confiabilidad en tal conectividad.

Concluyen que los programas educativos juegan un papel fundamental en la construcción de habilidades sociales, de resolución de problemas y en el establecimiento de significados compartidos. Para llevar todo esto a la práctica, se necesita manejar un mecanismo de "fricción productiva", entendido como aquel que modela el aprendizaje de las personas que cuentan con distintos antecedentes y habilidades. Esta fricción resulta importante ya que expone a las personas a diversos modos de ver los problemas y encontrar las soluciones potenciales.

En relación con lo expuesto en este acápite, resulta fundamental tener presente el objetivo principal por el cual se implementa un modo de entrenamiento, ya que, de su correcta definición, pueden producirse grandes beneficios no sólo económicos, sino también, de cohesión y clima de trabajo entre los empleados. Resumimos a continuación los principales motivos que, entendemos, deben remarcarse y que llevan a la creación de una UC:

- *Carácter estratégico*, ya que relaciona la capacitación con la estrategia y los objetivos del negocio, ayudando a transmitir la cultura corporativa.
- *Mejoras prácticas y sinergias*, a través de temas tales como el intercambio de experiencias entre áreas y empresas relacionadas; la producción de acuerdos con instituciones, profesores y organizaciones válidas.; la participación de expertos de la empresa en la UC y la posibilidad de relacionar los centros de investigación y desarrollo con lo que se imparte en las aulas.
- *Apuesta por el capital humano*, ya que si entendemos a los recursos humanos como ventaja competitiva, podremos ayudarlos en su interrelación armónica y desarrollo de planes de carrera y de aprendizaje continuo.
- *Modelo de capacitación ad hoc e individualizado*, profundizando los modelos generales planeados y dando -como resultado- un mayor direccionamiento e intensidad educativa.

La educación y la sociedad presencian una época de serios interrogantes y cambios profundos. Ya no pueden concebirse como en momentos pasados. El dilema que se enfrenta es si debe armonizarse lo nuevo con lo existente o si deberá volverse a la mesa de diseño para comenzar con algo totalmente distinto. Lo único que sí estamos convencidos es que -para resultar exitosos en la lucha competitiva- deberán encontrarse modos mucho más eficientes y eficaces para que el conocimiento sea compartido.

En este tránsito, se producen desajustes. Muchas UT sufren de inadaptabilidad a un medio muy cambiante e inhóspito, por lo que las empresas se encuentran ante la necesidad de buscar nóveles respuestas a los interrogantes que se plantean.

La brecha entre el capital intelectual y los mercados puede llevar a la desaparición de organizaciones y a dificultades en el individuo. Solo la elevación de la calidad en la educación impartida y la inclusión de un mayor número de individuos a este tipo de procesos pueden dar respuestas a este dilema.

IV.4 Principales similitudes y diferencias entre la UC y el Depto. de Capacitación Tradicional (DCT)

La UC representa un nuevo paradigma en el modo de capacitar y desarrollar a los empleados de una organización y -como tal- presenta diferencias y similitudes en relación a soluciones tradicionales en la materia -DCT, por ejemplo- que serán tratadas a continuación.

Enfatizamos que la UC no debería ser circunscripta a un mero cambio superficial por el que se revalorice un DCT; esto sería quitarle el sentido profundo que la UC propone. Es por ello, que -para Allen (2007)- representa un problema el que muchos DCT sean mágicamente transformados en una UC a partir de un simple cambio de nombre. Indica que muchas pequeñas unidades se llaman a sí mismas UC y hacen poco por la educación corporativa.

Por otro lado, resulta dificultoso conseguir distintos resultados sin nuevos modos de llevar a cabo las cosas. Los DCT tenían determinados objetivos y respondían a determinadas razones en su constitución; la UC, a otros mucho más amplios y profundos ligados con la misión, visión y la estrategia corporativa.
Meister (1998, 2000) indica que:

- Los DCT tienden a ser reaccionarios, fragmentados y descentralizados y que –además- el entrenamiento se lleva a cabo en un lugar físico.
- Los DCT proponen un catálogo de cursos y sus profesores dan respuestas a una gran audiencia, con programas centrados – generalmente- en temas técnicos.
- La UC responde a las necesidades de entrenamiento y capacitación de la organización, buscando solucionar problemas de negocios reales y mejorar el entrenamiento en el trabajo. Sus objetivos son claros y responde a planes estratégicos de largo plazo, a la vez que trabaja con UT y proveedores de entrenamiento.
- La propuesta de la UC abarca modelar la cultura de la corporación proveyendo de liderazgo, pensamiento creativo y solución de problemas, proveyendo soluciones educacionales estratégicamente relevantes para cada familia de trabajos dentro de la corporación. De este modo, los empleados construyen competencias individuales y organizacionales y – así- mejoran el rendimiento de la empresa.

- La UC funciona como un paraguas para los requerimientos totales de la organización, enfocándose en toda la cadena de valor (proveedores, distribuidores, revendedores, clientes y empleados).
- La UC provee enseñanza a requerimiento a través de diversas tecnologías, por ejemplo, la enseñanza a distancia o los campus satelitales, por lo que el aprendizaje puede hacerse en todo momento. Indica que sus profesores incluyen a ejecutivos, gerentes, profesores universitarios y consultores.

La UC se encuentra en plena evolución, tanto por los objetivos que persigue como por los medios cambiantes de que se vale, lo que la distancia de su antecesor, el DCT. Las diferencias entre la UC y el DCT son, también, abordadas por Hundley (2002) quien apunta que los DCT miden su éxito de acuerdo con los cursos ofrecidos y los empleados que han concurrido a los mismos, cuando las UC lo hacen de acuerdo a si han alcanzado determinados objetivos de la organización. Sugiere que los DCT son comúnmente vistos como funciones reaccionarias, mientras que las UC juegan un rol más importante influenciando y modelando la estrategia de la organización.

Otra de las diferencias en las que se concentra el autor es que los DCT generalmente operan como una medida para todo tipo de enfoques y que las UC crean, manejan, alinean y soportan la enseñanza para alcanzar necesidades específicas de los empleados, de los equipos de trabajo, de las unidades de negocios y -en algunos casos- de clientes externos.

Concluye precisando que los DCT son tratados como un costo significativo para la organización, mientras que las UC son alentadas por la gerencia superior y otros interesados, como un modo de identificar, apalancar y manejar los activos del conocimiento. De esta manera, en la UC los esfuerzos de enseñanza son visualizados como una inversión a largo plazo a ser nutrida, más que un costo a corto plazo que debe ser contenido.

El siguiente cuadro sintetiza las diferencias entre ambos contextos educativos mencionadas precedentemente:

Cuadro 2: Diferencias entre DCT-UC

DCT	UC
Reactivo	Focalizado y pro-activo
Fragmentado y descentralizado	Organización, cohesivo y centralizado
Táctico	Estratégico
Servicio casi forzado	Compra de servicio
Gerentes incluidos	Todo el personal incluido
Liderado por el instructor	Envío con diversas tecnologías
Inicio en Dtor. de Entrenamiento	En Gerentes de Unidades de Negocios
Audiencia amplia	Planes de estudio adaptados
Inscripción abierta	Aprendizaje "justo a tiempo"
Resultado: Incremento de las habilidades en el trabajo	Mejora del rendimiento en el trabajo
Opera: Como una función staff	Opera: Como Unidad de Negocios
Imagen: ir para ser entrenado	Universidad como aprendizaje

Fuente: Corporate University Xchange Inc. en Hundley (2002)

A nuestro entender los DCT representan el inicio en la capacitación empresaria; fueron el antecedente de una capacitación que ha tomado nuevos rumbos porque –también– han tomado nuevos rumbos los negocios. Así, la UC se presenta con la potencialidad de un concepto evolutivo, un salto de calidad tanto en el entrenamiento como en la CC.

III.5. Armonizar el mundo corporativo con el universitario

En un significativo artículo[7], se indica que cada vez más las UC adquieren popularidad y los alumnos de entre 18-24 años recurren a ellas, a pesar que podrían haber sido reclutados por una UT. Ante esta realidad, propone hacerse dos preguntas clave:

1. ¿Sobrevivirá la universidad tradicional (UT)?,
2. ¿Cuáles serían los objetivos generales que cumplirán las UC y las UT?

---

[7] "¿La Universidad de la Hamburguesa versus Harvard?", publicado en The Times, UK el 25/02/2005.

Al respecto de la sobrevivencia de las UT, enfatizamos el hecho que la misma no dependerá de quedar sujeta a la lógica que la domina actualmente, por lo que se observa como necesario que produzca las mutaciones y adaptaciones que sean requeridas. Dicho de otro modo, su supervivencia se verificará aunque –seguramente- sin el formato que muchas muestran en la actualidad.

Asimismo, en este momento no estamos en condiciones de afirmar que todas las que hoy están operando, lo seguirán haciendo en el futuro. La permanencia en el tiempo de una organización -educativa o no, con o sin fines de lucro- depende de la estrategia que se decida y de cómo se adapte a las nuevas circunstancias del entorno. Ninguna organización cuenta con la supervivencia garantizada.

La segunda pregunta –referida a los objetivos- nos conduce a sus orígenes. Diversos estudios proponen que el término universidad proviene de "universitas" (Universus-a-um, todo, entero, universal), derivado, a su vez, de unus-a-um. Universitas se utilizó para designar -en latín medieval- a cualquier comunidad o corporación considerada en su aspecto colectivo. Se puede decir, entonces, que se refiere al saber universalista, aplicable a todas partes por igual y que debería tener el objetivo de generar profesionales para todos los ámbitos de la ciencia. En cambio, la UC debería enfocarse en aspectos más específicos y puntuales (por ejemplo, sectores industriales, áreas específicas, nichos de mercado y temas regionales o de países).

Por otro lado, pretendemos plantear la realidad desde la complementación y no desde la contraposición. De allí, que el título de este artículo -que propone un supuesto enfrentamiento entre la UC de McDonald´s y una UT como Harvard- tendría, a nuestro criterio, un fin más provocativo que real. Observamos que la asociación entre el mundo corporativo y el universitario está develando un nuevo juego de relaciones que pone de manifiesto una gran posibilidad de complementación y sinergias. Cada vez más, el mundo corporativo toma elementos del mundo académico que le son necesarios y viceversa. Es por ello, que -tal lo sugerido en el artículo y cada vez más- pueden observar verdaderas UC que aportan al negocio y a los objetivos para los que fueron creadas.

Además, en este artículo, se propone otra pregunta que alza el desafío y se refiere a si es posible que un no empleado pudiera correr para anotarse en la mejor UC. La respuesta es categórica: esto es muy posible en educación ejecutiva. En este sentido, se cita el ejemplo de Disney que proveía programas de tres días, para externos a la firma que quisieran tomar algo de la magia ofrecida y llevarla a sus propias organizaciones. Los cursos costaban más de 3.000 dólares americanos por día, lo que no era poco, ni siquiera para Disney. Parecía imposible que una UC pudiera ofrecer cursos de tal valía y que personas ajenas a la empresa los tomaran, aunque a este punto se planteaba un nuevo interrogante: ¿por qué no preguntamos, también, al respecto del por qué tantos estudiantes emigraban de sus países para estudiar en una UT?

Todos estos argumentos pueden llevarse al terreno de una lógica muy básica y concreta relacionada con la falta de tiempo y las necesidades de capacitación del individuo: ante tal circunstancia, buscará aquello que le ofrezca un valor diferencial y que cuente con un reconocimiento en el mercado.

Se menciona en el artículo que existen casos de alianzas estratégicas entre instituciones que representan una buena carta de presentación, que no todas las UC son iguales y que las mejores pueden ofrecer un plus. Así, empresas como Oracle y KPMG desarrollan MBAs en conjunción con la Escuela de Negocios de Edimburgo University. De este modo, realizar un MBA y trabajar para Oracle resulta más cercano y posible.

Existen autores que –desde las UC- ven amenazas al mundo tradicional. A tal fin, entendemos oportuno resumir algunos de los conceptos de Meister (1998):

- Apollo Group, USA -empresa de educación con fines de lucro- era una de las UC que había adoptado la enseñanza a distancia a través de Internet y University of Phoenix -una de sus subsidiarias- era el reflejo del éxito de este modelo de educación, ya que se estimaba que tenía más de 60.000 estudiantes de enfermería en 1998 a través de sus veintidós años de actuación.
- El siglo XXI mostraría a muchas más universidades con un nombre de marca, fundamentalmente las que impulsaran sus departamentos de capacitación continua. Como ejemplo cita a la University of Michigan que intentaba el desarrollo de su nombre en forma virtual -vía la enseñanza asincrónica- y la utilización de la UC como punto de distribución. No necesariamente estas UC pretendían abrir sus inscripciones en forma indiscriminada, pero lo que sí pretendían era contar con programas que respondieran a problemas específicos, adaptados a otros estudiantes.
- Empresas como Whirpool y Motorola notaban que un 45% de sus empleados estaban fuera de USA. Es por ello, que el desafío para estas corporaciones era establecer un consorcio de programas ejecutivos de alto nivel con escuelas de negocios y mega universidades online como Open University en UK, la University of South África y la China TV

University System. Existían no menos de 11 de estas mega-universidades en el mundo, las que contaban con más de 100.000 estudiantes activos cada una.
- Aquellos gerentes que no contaban con la posibilidad de una UC en sus empresas, podían concurrir a aquéllas, como Motorola, Disney y Saturn, que estaban abiertas a los alumnos externos o preguntar a los clientes y proveedores que ellos –seguramente- las tendrán en sus organizaciones. Otra alternativa era verificar con las universidades locales que seguramente tendrían algún acuerdo con una UC.

No se visualizan reglas y prácticas precisas ya que la UC puede ofrecer el alcance que cada organización decida. Algunas podrán solamente generar ventajas para sus empleados y otras impartir educación al mercado, en cursos de especialidad reconocidos. Los individuos están ávidos de mejorar su entrenamiento y capacitación y la UC interesada en demostrar que puede cumplir con los objetivos para los que fue diseñada. De cada organización y de cada individuo dependerán los alcances y resultados que se obtengan.

Para concluir, proponemos que un acercamiento entre ambas resulta imprescindible, aunque pareciera que la mayor extensión le corresponda a las UT a partir de la profundización su relación con el negocio corporativo. Su comportamiento debería ser mucho más empresarial y su mentalidad más entrepreneur, a partir del entendimiento del valor que agregan para su alumnado. Estamos convencidos que este tipo de enfoque brindará a muchas más UT las bases sólidas para la permanencia virtuosa en el mercado.

CONCLUSIONES

Al respecto del origen y del contexto de la UC

Las UC y las UT no escapan a un ambiente global -altamente influenciado por factores PSCE- que impacta a: individuos, procesos, empresas e instituciones (UT y UC, incluidas). La vinculación se da a todo nivel y el ambiente es cada vez más amplio e incierto, con oportunidades hasta para los países emergentes y los individuos más desprotegidos. Esto hace depender el éxito de la UT y UC de elementos no solo externos e internos sino, también, ajenos y lejos de su control.

En la breve referencia a la globalización realizada, se ha pretendido contextualizar el marco en el que la UC surge y se desenvuelve con el fin de dar un nuevo sentido a la comprensión de su misión. A partir de una competencia que se amplía a todo el mundo y abarca a todos los ámbitos imaginables (mercados, recursos, talento, clientes, proveedores, socios estratégicos) se plantean temas prácticos y de supervivencia. La CC -como negocio- no escapa a ello.

A partir de este ambiente global, se han ido configurando nuevos espacios y relaciones que no han impactado solamente en el sistema educativo, sino – además- en el individuo, en la sociedad, en los negocios y el trabajo y en las relaciones de poder de los Estados-Naciones mundiales. El mundo ya no responde a la geografía acostumbrada, volviéndose inclemente para aquellos que pretenden vivir aislados.

Se produce una distribución desigual de los recursos, provocando una brecha entre los países (desarrollados-en vías de desarrollo) y los trabajadores (altamente calificados-sin calificación). El viaje se torna frecuente, con lo que la multiculturalidad y la internalización son parte de una nueva identidad que ya no depende de cada uno sino de los bienes a los que se accede. En muchos casos, se alejan las posibilidades que los Estados den respuestas a problemáticas no sólo básicas de los individuos (¿será el fin del Estado asistencial?), sino –también- de muchas que los exceden (tal el caso del calentamiento global).

Los directivos localizan/des-localizan actividades -desafiando valores éticos- en búsqueda de ganancias. El pensamiento global y estratégico encuentra dificultades para imponerse en medio de tanto cambio e incertidumbre, de tantas "versiones taquigráficas" de la realidad.

En este contexto, la UT ha mostrado que no siempre ha seguido el ritmo de lo que el mercado de la CC y la tecnología le requerían. Los juegos de poder en los que se ha visto inmersa han oficiado como una barrera que le ha imposibilitado la conexión con el ambiente de los negocios y sus problemáticas. De este modo, gran parte de la explicación al respecto de los orígenes de la UC encuentra su respuesta en las imposibilidades propias de la misma UT –no pudiendo cumplir, tantas veces, con sus funciones básicas- y en necesidades insatisfechas provenientes del mismo sistema educativo. Así, todos –alumnos, profesores e instituciones educativas- se han visto dificultados en obtener lo que pretendían.

Se plantean cambios profundos en el entrenamiento tradicional y se propone uno enfocado en la mejora y el rendimiento. Por imperio de las circunstancias, la UC se instala en un contexto que habla mucho de resultados y eficiencia y, menos, de conocimientos y de saber.

Como consecuencia de lo planteado, se observa que las instituciones educativas de éxito serán aquellas que sepan interpretar el devenir de estos acontecimientos, que viajan y se modifican a la velocidad de la luz. Al individuo, en sus distintas funciones como ejecutivo, funcionario, profesor o alumno, le será muy difícil encontrar situaciones similares en el pasado que puedan ser convertidas en experiencias enriquecedoras en el presente; la vida se ha tornado incierta, móvil y con muchos menos elementos que permitan basamentos sólidos.

La UT debería ser orientada a la construcción de un sistema cultural y educativo que enfatice la identidad personal y social y que respete la historia, los valores y la dignidad humana. Su complementariedad con la UC, deviene fundamental. Por ende, la UT debería orientarse al desarrollo de elementos teórico-conceptuales que estén basados en investigaciones de campo útiles para la sociedad y las organizaciones, y la UC a aplicaciones prácticas que mejoren las habilidades específicas de cada individuo (por ejemplo, manejo de equipos internacionales e idiomas, comunicaciones y cambio en ambientes de diversidad, manejo de proyectos en condiciones de multiculturalidad, negociaciones y finanzas internacionales).

Asimismo, la UC surge como una necesidad de construir espacios alejados del ruido de la operación diaria, en donde prima un medio hostil y un excesivo bombardeo de información.

Como la evolución de las organizaciones depende del progreso de cada individuo, deviene importante que se propongan ambientes donde cada persona pueda crecer individualmente y aportar al crecimiento colectivo, a partir de:

1. *La diseminación de cultura y valores,*
2. *La democratización del conocimiento,*
3. *El impulso de la creatividad,*
4. *La resolución de problemas, y*
5. *La mayor conciencia sobre los objetivos comunes.*

Al respecto de la conformación del mercado de educación superior.

Tomando como premisa la búsqueda de un entendimiento más profundo al respecto de las circunstancias que han rodeado el surgimiento de un mercado en educación superior, este trabajo pretende que la UT se robustezca a partir de la reconsideración de su rol y funciones, como también, lo hagan modernas propuestas que han surgido (la UC y el e-learning, por ejemplo).

Transitamos la era de la creatividad, en la que el intelecto, las redes auto-organizadas y cada individuo están sobre los activos físicos, los silos funcionales y el trabajo mecánico y repetitivo.

Las aulas tradicionales se han mudado a nuevos ámbitos; el saber puede ser encontrado en cualquier momento y lugar. El tradicional contexto estable del conocimiento ha cruzado las fronteras de las naciones para ubicarse mucho más cerca de cada individuo, aunque se observa que el conocimiento no pertenece a geografías estables ni a nadie en especial.

Los cambios en el ámbito de los negocios hacen que las organizaciones cuenten con mayores necesidades de adaptación y flexibilización a nuevas circunstancias. De esta manera, los líderes cuentan con la importante y difícil tarea de manejar redes creativas –que exceden el ámbito del conocimiento- y los consumidores -tal el caso de los alumnos- quedan a la espera de productos que los sorprenda, superando sus expectativas.

Por años, muchas instituciones educativas tradicionales se han mostrado reacias a la adopción de prácticas de mercado y a enfocar a la educación como un negocio. Asimismo, se observa que se les ha dificultado establecer límites en relaciones tales como la de estudiante-cliente y la de profesor-producto educativo (por la que el profesor cuenta con una importancia fundamental como elemento central de sus estrategias de marketing).

No existen reglas fijas que indiquen dónde resulta posible encontrar el éxito. Muchas instituciones son parte de conglomerados más grandes, cuando otras han reducido su tamaño. Algunas se han confinado al aislamiento, mientras que otras operan en alianzas que las potencian. En el juego competitivo, las empresas y sus UC le llevan cierta ventaja a las UT.

En distintos países y momentos, las UT han quedado libradas a sus propias fuerzas debido, fundamentalmente, a la disminución de las inversiones estatales por estudiante y a las pocas restricciones de ingreso que muchos países han impuesto a la educación superior. Así, la calidad y la cantidad educativa han tenido sus conflictos: muchas UT han debido concentrarse en atraer nuevos estudiantes, en dar a terceros infraestructura universitaria y en encontrar mecanismos de financiación privada que las sostuvieran.

Con el correr del tiempo, el mercado de la educación superior se ha ido reconfigurando, desafiando sus propios límites. Han cambiado las preferencias de los alumnos y las experiencias y los conocimientos adquiridos ocupan nuevos lugares. Las decisiones ya no hacen pie en las lógicas pasadas por lo que las instituciones educativas deben adaptarse y responder con nuevos modos. Asimismo, la universidad pública comenzó a dejar de lado el imperio de los conocimientos universales, adentrándose en otros más específicos que no le eran propios.

De este modo y poco a poco, se ha ido constituyendo un mercado en temas de educación superior y corporativa debido a factores PSCE, tales como:

- La mayor cantidad de personas que han requerido nuevos conocimientos y capacitación.
- Un énfasis político-burocrático de distintos gobiernos sobre las UT.
- Una precaria estabilidad social surgida de las dos Guerras Mundiales.
- Los adelantos científicos y tecnológicos del siglo XX.

– Los patrocinios corporativos y la disminución de los aportes que siempre habían sido realizados por parte de los Estados a las UT. Así, se ha debido recurrir a fuentes alternativas de financiación y al enfoque en una gestión más eficiente de las instituciones.

Como consecuencia, el espíritu emprendedor, creativo e innovativo ha permeado en un mundo educativo que había estado sumido a la lógica del conocimiento como bien supremo y -en este nuevo esquema- no todas las instituciones han logrado insertarse.

En muchos países, la degradación del sistema público de educación superior se enfrenta a una oferta tentadora y competitiva de muchas universidades privadas, lo que ha provocado —en tantas oportunidades- el olvido de su rol fundamental en cuanto a fuente del conocimiento crítico y activo con contenido social, académico y científico. Se enfrenta el peligro que el saber pasado se repita mecánicamente sin dar paso a aquellos más actuales y basados en las nuevas experiencias.

Se descree de valores tales como la importancia de la lectura, la escritura y el pensamiento crítico, y la tecnología es confundida en el proceso de adquisición de conocimientos y saber. Para muchos, los e-profesores o el e-learning puede representar la solución a todos los problemas, y el acceso a la información –independientemente de su validez- la meca de la investigación, en un supermercado de información virtual llamado Internet. De esta manera, la investigación queda sumida a datos de dudosa valía, fácilmente accesibles por todos.

A su vez, toda esta temática ha derivado en la aplicación, no solo de prácticas de mercado para la atracción del alumnado -para muchos convertidos en clientes- sino también, en conceptos de estrategia y marketing que han provocado un desequilibrio entre la estandarización-masificación y la especialización de los programas. En este ambiente, las UT no necesariamente responden con propuestas educativas acordes – por ejemplo, elevando sus estándares académicos- y, menos aún, siguiendo el ritmo de lo que el mercado ha ido requiriendo. Así, contar con un título profesional no necesariamente implica el acceso a un determinado nivel de conocimientos y a una calificación teórico-práctica que responda a una mayor calidad educativa.

Todo es cambio en el mundo de los negocios, por lo que la educación debe seguirlos. Todo está sujeto a reconsideraciones, desde los alumnos y su formación, hasta la experiencia que los profesores deben llevar a las aulas. Cobra importancia el contenido de los programas y su alcance para que los alumnos obtengan conocimientos transferibles al contexto empresario.

Las organizaciones están obligadas a incrementar el inventario de conocimientos útiles. El individuo comprende que debe hacerse cargo de su educación continua y esto hace que elija a aquellas empresas que lo reconocen y nutren convenientemente.

Paralelamente -al crearse nuevas reglas de juego- han sido requeridas nuevas condiciones éticas y morales entre las instituciones, los profesores, el staff y los alumnos. El rol de cada uno ha cambiado, retándose equilibrios que parecían estables.

Se plantean desafíos que implican encontrar rasgos de inserción social y mejores puntos de contacto en la relación estudiantes-profesores-tecnología, con el fin de amplificar las contribuciones para las que las propuestas educativas actuales fueron pensadas. En este contexto, deviene de suma importancia la búsqueda de equilibrios entre una visión tradicional romántica y sensible, y los conceptos actuales de mercado y eficiencia. A este punto, la ética y la moral –ligadas a propuestas educativas de valor único- se hacen imprescindibles en todo tipo de sectores. Los Estados nacionales están llamados a balancear situaciones y propuestas indeseadas que no aporten a los fines sociales trazados.

El mercado y la practicidad han avanzado sobre la educación. El gran peligro que se advierte es que -ante la presión de las empresas sobre el rendimiento y los resultados- se produzca el olvido del individuo, generador de aquello distintivo y no repetitivo; de su gran diferencia con las máquinas de producción y las computadoras.

¿Qué es la UC y por qué implementarla?

La UC está ligada con la definición de los objetivos estratégicos de la organización y su conversión en procesos de excelencia, ayudando en la obtención de más elevados niveles de desempeño y rendimiento. Todo esto resulta posible gracias a su contribución al patrimonio intelectual de negocios (colectivo e individual) y a la identificación de mejores prácticas y procesos, establecidos como benchmarks.

Así, la UC puede convertirse en el primer comunicador de la visión, de los valores y de la cultura a todos los interesados, enlazando la educación de los empleados con la estrategia corporativa. Representa una herramienta que puede articular el cambio en la organización con las necesidades competitivas, a través de la educación de los interesados. Como consecuencia, puede afirmarse que es el órgano de difusión y extensión del aprendizaje y de la cultura, transfiriendo conocimientos y herramientas prácticas al estudiante, para que sean aplicados en su propio beneficio y en el de la organización.

Esto implica que la UC termina generando un modo de aprendizaje capaz de combatir la obsolescencia de los conocimientos, agregando valor al negocio y contribuyendo a la empleabilidad del talento organizacional.

Es que han dejado de existir los trabajos similares -durante toda la vida- y para un mismo individuo; sus habilidades deben ser reconsideradas y transformadas. Resulta prioritario, tanto para el trabajador como para las organizaciones, mantener actualizados los conocimientos aplicados al negocio en beneficio del crecimiento de ambos. En este contexto, la educación continua representa uno de los fundamentos por los que la UC debe crearse.

Adicionalmente, se observa que la población mundial está –paulatinamente- envejeciendo, las plantillas de personal de las organizaciones se reducen y el mundo presenta cambios educativos de gran magnitud (tales como industrias con mayores necesidades educativas que otras y carreras técnicas de grado que son menos demandadas que otras). Como consecuencia, la UC bien puede representar el ámbito en el que se reconsideren los cambios y las nuevas habilidades de los empleados cuenten con una mayor vida útil.

Se enfatiza que la UC no debería ser circunscripta a un mero cambio de nombre de los DCT y que -comparada con anteriores tipos de aprendizaje corporativo- cuenta con la posibilidad de brindar mayores respuestas integradas a las necesidades de la organización, agregando valor a su negocio.

Conclusión general

Debido a la naturaleza educativa de la UT y UC, resulta importante puntualizar que las políticas y el management de una empresa comercial no necesariamente deben coincidir con lo implementado en una UT. Es por ello, que entre ambos tipos de organizaciones existen diferencias y, a la vez, grandes puntos en común.

En este trabajo, se plantea la necesidad de mantener un alejamiento de sus incompatibilidades y observar las oportunidades posibles debido a que existen y pueden encontrarse áreas de complementación y sinergia entre ambas. Así, la supuesta confrontación entre la UC y la UT no es convalidada debido a que bien pueden ser entendidas como aspectos complementarios y no excluyentes de un mismo proceso de educación continua.

Para la UT, se remarca el carácter formal y la estrecha vinculación con las normas de los países donde opera, a diferencia de las UC que responden al órgano corporativo de las empresas donde se desenvuelven. A pesar de esta diferencia constitutiva, resulta posible armonizar ambos mundos y proponer su evolución.

El entendimiento de lo planteado en este trabajo nos conduce a las siguientes reflexiones al respecto de la UT y de la UC:

- La escasez de fondos no debería ser un impedimento o excusa; sí un impulsor para encontrar nuevos modos de financiación de los proyectos requeridos.
- La diferencia entre lo privado y lo público solo podrá zanjarse si es que cada actor realiza la función que le compete y se producen intercambios beneficiosos y constructivos entre ellos.
- Tanto la UT como la UC están en condiciones de aportar -desde sus particulares perspectivas- a la educación continua de los individuos a partir de un mejor entrenamiento y capacitación.
- El rol del profesor, el objetivo de la escuela y -hasta lo que se entiende por sabiduría y conocimiento- deberían ser revisados. Los profesores deberían reconsiderar muchos conceptos y prácticas en los que basan las directrices de la educación. Por ejemplo, deberían entender que no son los únicos que detentan el conocimiento; hoy el alumno cuenta con conocimiento a su alcance, por lo que es muy importante que se haga las preguntas justas para llegar a él. En este contexto, el profesor debe contribuir a crear un ambiente en el que los estudiantes puedan plantearse los necesarios interrogantes, más que las respuestas enlatadas y listas para ser utilizadas.
- El profesor debería comprender que ya no está en el centro de la escena, sino que es parte de un entramado educacional mucho más complejo y en el que se debería ubicar como mentor y facilitador. Los métodos de enseñanza empleados deben ser más creativos y tendientes a la interpretación de realidades disímiles y nuevas, en las que el computador debería ser utilizado como una herramienta.
- La UT tendrá que incorporar las innovaciones tecnológicas en sus procesos de aprendizaje y en la gestión administrativa con el fin de elevar la calidad educativa y organizacional.

- El conocimiento, originado en las teorías más avanzadas en cada disciplina y en las mejores prácticas profesionales, debería ser administrado en modo que permita responder a los fines últimos de la universidad. Si al conocimiento se lo ve como un proceso mecánico (input, output y capital) y no como una búsqueda, la educación será la que sufra de vaciamiento y se trastocarán sus objetivos. Vaciar a la UT de conceptos y enfocarla enteramente en lo práctico sería no haber comprendido su rol fundamental, sería equivocar el máximo objetivo que se propone: ayudar a que la sociedad sea moldeada través del conocimiento y la investigación y sea el vehículo que permita implementar los cambios necesarios.

El reto gerencial involucra la necesidad de no poder seguir pensando doméstica o internacionalmente en modos separados. Los ejecutivos requieren un pensamiento global para la conducción efectiva de sus negocios, ampliación de sus roles y funciones y estar en condiciones de enfrentar la comunicación y las diferencias culturales de los equipos que manejan. Es por ello, que las características del directivo internacional –a desarrollarse en las distintas instituciones educativas– han cambiado abruptamente y requiere de urgentes respuestas al respecto.

Seguramente los desafíos de las organizaciones globales -incluidas las educativas- pasan, aunque no se limitan, a:

- Generar nuevos modelos de negocios de alto valor agregado que respondan a esta competencia global.
- Distinguir entre lo que debe ser gestionado a nivel internacional y local;
- Encontrar los socios adecuados a través de las alianzas estratégicas.
- Efectuar compras inteligentes de empresas/organizaciones que ayuden a la integración de servicios de valor agregado.
- Alentar el posicionamiento estratégico que generen productos y servicios de alto contenido creativo.
- Entender que el cambio es lo único constante y que las modificaciones a las estructuras son necesarias para asegurar la vida de las organizaciones.
- Implementar eficiencias operativas que tomen en cuenta las sinergias entre las distintas unidades para el aprovisionamiento y la producción de alta performance.

A partir de un mundo en cambio constante y crecientes oportunidades, se observan nuevas propuestas educativas que deberían orientarse en beneficio de sociedad.

En este contexto, la UC cuenta con posibilidades de encontrar un lugar de aporte en la CC.

Para concluir, y de acuerdo con lo expuesto, se puntualiza que –en la presente investigación- se han verificado los objetivos y corroborado la hipótesis de las que se han partido.

BIBLIOGRAFÍA

Allen, M. (2007). *The next generation of Corporate Universities*. Santiago de Chile, (Chile): Pfeiffer.

Balan, J. (1993). *Políticas de educación superior: los desafíos del futuro. En: Balan J. et al. Políticas de reforma de la educación superior y la universidad*. Santiago de Chile, (Chile): Flasco.

Balan, J. y Courard, H. (1993). *Políticas de reforma de la educación superior y la universidad*. Santiago de Chile, (Chile): Flacso. 131-184.

Beck, U. (1998). *¿Qué es la Globalización? Falacias del globalismo, respuestas a la globalización*. Madrid: Paidós.

Becker, H. (2009). *Trucos del Oficio*. México: Siglo XXI Editores.

Béjar Navarro, R.; Egurrola, J. y otros (2005). *Educación Superior y Universidad Pública*. México: Acatlán.

Brabazon, T. (2007). *The University of Google*. London: Ashgate.

Bridge, M. y Johnson, H. (2005). An ageing workforce. *Electric Perspectives Magazine*. 30 12:18

Caughie, P. (1999). *Passing and Pedagogy: The Dynamics of Responsibility*. Urbana (USA): University of Illinois Press.

Celestino, M. (1999). Executive Education: Business education follows business around the world. *World Trade Magazine*, 12 (7): 204-206.

Clark, B. y Clark, G. (2008). *On Higher Education*. Baltimore, USA: Johns Hopkins University Press.

Clark, B. (1983). *El Sistema de Educación Superior: Una Visión Comparativa de la Organización Académica*. México: Nueva Imagen.

Densford, L. (1999). Corporate universities add value by helping recruit, retain talent. *Corporate University Review*, 27 48-54.

Drucker, P. (1988). *The coming of the new Organization*. Boston (USA): Harvard Business Review.

Drucker, P. (2005). Big Thinking, Boston, USA: *Harvard Business Review*.

Egurrola, J. (2005). Crisis y desafíos en la educación superior. En: Béjar Navarro, R. et al. *Educación Superior y Universidad Pública*. México: Acatlán, 3

Fenn, D. (1999). *Corporate universities for small companies*. Peoria, IL, USA: School Edition. Inc. 21.

Gajardo, M. J. (1993). La educación superior en la reforma educativa: apuntes sobre contribuciones actuales y posibles. En: Balan J. et al. *Políticas de reforma de la educación superior y la universidad*. Santiago de Chile: Flasco. 6

García de Fanelli, A. M. (2000). Los Indicadores en las políticas de reforma universitaria argentina: balance de la situación actual y perspectivas futuras. En: M. Kisilevsky. *Indicadores Universitarios*. Tendencias y experiencias internacionales. Editorial Universitaria de Buenos Aires. Págs. 1-45.

Garman, A. (2003). *The Corporate University Handbook: Designing, Managing, and Growing a Successful Program*. Personnel Psychology. 56.

Gerbman, R. (2000). Corporate Universities 101. *HR Magazine*, 45.

Giroux H. y Myrsiades H. (2001). Beyond the Corporate University: culture and pedagogy in the new millennium. *Teaching in Higher Education*. 8, 579–597.

Gramsci, A. (1991). *Selections form Cultural Writing*, Cambridge, UK: Harvard University Press.

Greeberg, R. (1998). Corporate University, takes the job training field. Techniques: Making Education & Career Connections (en línea). (Consulta: 05/06/2008).

http://search.ebscohost.com.proxy.timbo.org.uy: 443.

Gordon, E. (2003). *Bridging the gap*. Amsterdam: HolandaTraining. 40.

Gore, E. (2004). *La educación en la empresa, Aprendiendo en contextos organizativos*. Buenos Aires: Editorial Granica.

Hagel III, J. y Brown, J. S. (2005). *The only sustainable edge*. Boston: Harvard Business School Press.

Hamel, G. (2007). *The future of Management*. Boston: Harvard Business School Press.

Hernández Andreu, J. y Álvarez Vázquez, N. (1999). *Del 29 a la Crisis Asiática*. Madrid: Universidad Complutense.

Hundley, S. (2002). Corporate Universities: Collaboration, Not Competition. *Assessment Update*. 14 (1), 14-15.

Ianni, O. (1996). *Teorías de la globalización*. México: Siglo XXI Editores.

Iyanga Pendi, A. (2000). *Historia de la Universidad en Europa*. Valencia: Sinopsis.

Kahim, B. y Foray, D. (2006). *Advancing Knowledge and the Knowledge economy*. Boston, MIT Press.

Kranz, G. (2007). Corporate Universities getting a refresher. *Workforce Management*. 86, 21-25.

Laff, M. (2007). *Centralized Training Leads to Nontraditional Universities*. Amsterdam: Training.

Larraín, J. (1996). *Modernidad, Razón e Identidad en América latina*. Santiago de Chile: Editorial Andrés Bello.

Margolis, M. (2002). *Globalization & Higher Education. The withering of the professoriate*. Hawai: Corporate Universities and the Internet.

Mowery, D. C. y Sampat, B. N. (2005). Universities in national innovations systems. En: Fagerberg, J. Mowery, D. C. y Nelson R. R. The Oxford *Handbook of Innovation*, New York: Oxford University Press.

Paul, L. (2005). *Canadian Women Contract Academics in the Public and Corporate University*. Austin, TX, USA: The Delta Kappa Gamma Bulletin.

Pietrykowski, B. (2001). Information Technology and Commercialization of

Knowledge: Corporate Universities and Class Dynamics in an era of technological restructuring. *Journal of Economic Issues*. 35 (2), 299-307

Quinn, A., Lemay, G. y Larsen P. (2009). *Service quality in higher education*. London: Taylor & Francis.

Rutherford, J. (2005). Cultural Studies in the Corporate University. *Cultural Studies Journal*. 19:297-317.

Sassen, S. (2007). *Una sociología de la globalización*. Buenos Aires: Katz editores.

Senge, P. (1990). *The fifth discipline*. New York: Currency and Doubleday.

Solana Morales, F. (1981). *Historia de la educación en México*. Fondo de Cultura Económica: México.

Solana Morales, F. (2005). Educación superior y Universidad Pública en México. En: Béjar Navarro, R. et al. *Educación Superior y Universidad Pública*. Acatlán, México: 2.

Waks, L. (2004). In the Shadow of the Ruins: Globalization and the Rise of Corporate Universities. *Policy Futures in Education*. 2:278-298.

GLOSARIO

CC= Capacitación Corporativa, aquella capacitación y entrenamiento en negocios que se da tanto en distintos ámbitos, por ejemplo en las UT, UC o DCT.

DCT= Departamento de Capacitación Tradicional, son comúnmente vistos como funciones reaccionarias dentro de las organizaciones. Miden su éxito de acuerdo a los cursos ofrecidos y los empleados que han concurrido a los mismos. Son tratados como un costo significativo para la organización.

OQA= Organización Que Aprende, son organizaciones que buscan asegurar constantemente que todos los miembros del personal estén aprendiendo y poniendo en práctica todo el potencial de sus capacidades. Para esto tienen mecanismos con habilidad para dispararse solos

UC= Universidad Corporativa, podría definirse como un ámbito, dentro de una empresa, donde toda la educación toma lugar. Es un lugar común donde se desenvuelve la educación tanto de los empleados, de los clientes y de los proveedores, ligando los objetivos estratégicos a los de la enseñanza a los efectos de cumplir con los máximos objetivos de la organización.

UT= Universidad Tradicional, educación universitaria tradicional, está vinculado con la forma de estudiar. Se utilizan recursos escasos para mantener la oferta educativa.

AUTOR

LEANDRO A. VILTARD, Ph.D.
leandroa@viltard.com.ar

- ♦ Specialist in International Business Development and Corporate/Executive training. Experience in:
    - Diverse geographical markets: Latin America, US, Europe, China and India
    - Different industrial sectors: mass markets, retail, services and IT
    - Key business areas: Marketing, Sales, Administration and Finance, Planning, Control and General Management
    - Start-ups, Organizational change and Process improvement.
- ♦ PhD in Administration (Buenos Aires University, UBA), Bachelor in Business Administration (UBA), Accountant (UBA) and Post Graduate Program-Executive Development Program (North-western University, Kellogg, Illinois, USA)
- ♦ Professor (undergraduate and post graduate: National and International Universities. Subjects: International Business, Marketing, Corporate Strategy, Management, Business Innovation and CSR:
    - MBAs: Palermo University (Argentina) and Universidad Argentina

de la Empresa (UADE, Argentina).
- Undergraduate Programs: Pontificia Universidad Católica Argentina (UCA, Papal Catholic University from Argentina). Rouen Business School, Visiting Professor (France).

- Ex-President of Bertrand Russell Campus /University of Wales, Italy and Senior Executive in different international firms:
  - US corporations: IBM, PepsiCo International y Silicon Graphics International
  - Family businesses: Sagaz Enterprises Corp. (USA) y Gruppo CEPU (Italy).
- Author of books:
  - "Compita y Gane" (Compete and Win). About corporate strategy and business, Metas Publishing (2000)
  - "Los No. 1 en Responsabilidad Social Sustentable" (The No 1 in Sustainable Social Responsibility), Kier-Management Publishing (2011)
  - Globalización: Entender el nuevo ámbito mundial y tomar decisiones. B.S. Lab, Avelino (2013).
- Author of several articles in connection with his specialties.

www.ingramcontent.com/pod-product-compliance
Lightning Source LLC
Chambersburg PA
CBHW051814170526
45167CB00005B/2003